コネなし 不利な立地で

1日100人以上診る院長の内科開業で成功する7つの原則

執行秀彌
SHIGYO HIDEYA

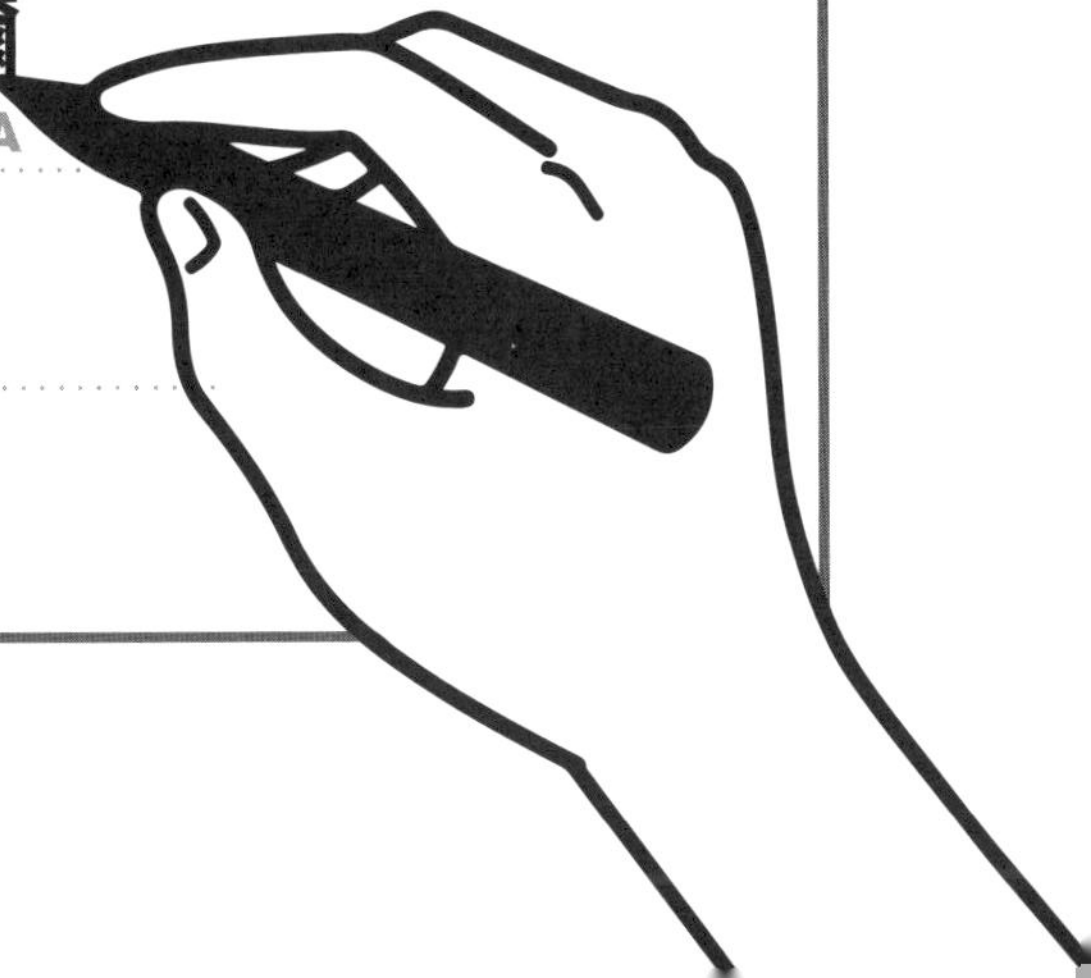

日本医療企画

はじめに

好立地でもないのに患者が増えた理由

医療法人社団 SHIGYO MEDICAL 理事長の執行秀彌《しぎょうひでや》と申します。

私は、兵庫県尼崎市の住宅街で、「しぎょう循環器内科・内科・皮膚科・アレルギー科」という診療所を経営しています。

開業地は住宅街の一角で、建物を新築し、駐車場15台を併設しました。最寄り駅からは遠く、バスなどが通る幹線道路沿いでもありません。開業前の診療圏調査では、「開業には適していない」と判断されるような住宅地にありますが、開業2年目から1日あたり120〜160名ほどの患者さんが通ってくださる診療所に成長しました。

当院の立地をご覧ください。（図1）

国道から住宅街へとつながる道沿いにあります。国道から住宅街につながる道に曲がるには、中央分離帯があり西向きからしか曲がることができません。周囲には一方通行も多いので、道を知ってい

図１　当院の立地

る人しかたどりつけないような立地と言えるでしょう。

駅前でもなければ、視認性の高い大通り沿いでもありません。にもかかわらず、当院には北は北海道から南は沖縄からも、わざわざ来院してくださる患者さんが後を絶ちません。

全国に約10万件の診療所があるのに、なぜわざわざ遠方から当院にいらっしゃるのでしょうか。

私自身は、内科医としての技術を一生懸命学び、磨いてきたことは自負していますが、決して高名な医師というわけではありませんし、メディアに多く登場して宣伝しているわけでもありません。

それでも、住宅街にある当院にたくさんの患者さんが来てくださるのは、患者さんのニーズに応えているからだと考えています。

本書では、当院がどのように患者さんのニーズに応えてきたのか、これからも応えようとしているのかというノウハウをお伝えできればと思います。その理由は、患者さんのニーズに応える開業医の先生方をもっともっと増やしたいと考えるようになったからです。

遠方からわざわざ当院に来てくださる患者さんに多く出会うにつれ、患者さんが求める開業医はまだまだ足りていないことを日々実感しています。今後、患者さんが求める医療を提供できる開業医が増えていけば、患者さんの病気の早期発見はもっと増やせるかもしれません。状態増悪の予防ももっと増やせるかもしれません。日本の予防医療はまだまだ進化させていくことができるのではないでしょうか。私は開業したことで、地域医療の将来性を感じることができるようになりました。

また、医師としてではなく、経営者としての仕事の面白さを実感できるのも、開業医の醍醐味です。組織をつくるという難易度の高い課題に挑むことの面白さや奥深さは、開業しなければ味わうことができません。

そして、一人の人間として、勤務医のときには得られなかった家族との時間や年収も手に入れることもできました。

診療所の経営は、決して簡単ではありません。開業すれば、すぐに軌道に乗るわけでもありません。

しかし、リスクを減らし、成功に導くテクニックはたくさんあります。

これから開業を考えていらっしゃる医師の皆様が、ロケットスタートを切り、「開業してよかった」と思えるような診療所をつくるために、本書が道しるべの一助になれば望外の極みであります。

２０２４年４月 吉日

執行秀彌

はじめに　好立地でもないのに患者が増えた理由　2

原則1

これまでの常識を疑う

Point 01　開業医を取り巻く環境は甘くない　14
Point 02　当院の経営が軌道に乗るまで　19
Point 03　病院と診療所では患者が求めるものは違う　21
Point 04　患者さんにとって「良い医療体験」とは　25
Point 05　薬の自動販売機になるな　29
Point 06　口コミを呼ぶのは技量よりも器量　31
Point 07　医師の言動は患者満足度・再診率・口コミを大きく左右する　36
Point 08　ほとんどの患者さんは医師の説明に納得してはいない　38
Point 09　再診率は内科医の通知表である　40

contents 目次

原則2

患者さんのニーズに応える医療面談をつくる

Point 01 患者さんにとって診療室はアウェイである 44
Point 02 「話を聞いてもらえた」が満足度を高める 46
Point 03 患者さんが話しやすい雰囲気のつくりかた 49
Point 04 患者さんが増えても満足度を下げない工夫 53
Point 05 疾患や治療法の説明は心に響かない。大切なのは「なぜあなたにとってこれが必要か」 58
Point 06 未来の話が患者さんの心を動かす 62
Point 07 アウトカムが継続治療のモチベーションを上げる 64
Point 08 患者さんを育てる「ほめ育」のすすめ 68
Point 09 論理思考がすべてではない！医師がやりがちな診察室でのタブー 70

原則3

再診率が上がる開業地を選ぶ

Point 01 無策の都心部の開業は9割失敗する 74
Point 02 診療圏調査は嘘だらけ 76
Point 03 医院はコンビニではない 79
Point 04 「良い立地」は科目によって異なる 81
Point 05 最も重要なのは視認性よりも競合 83
Point 06 競合の評価は自分でするな 86

原則4

患者さんに「また来たい」と思われる環境をつくる

Point 01 患者さんの不安を軽くするスタッフを育てる 90
Point 02 患者さんを味方につけるスタッフを採用する 95
Point 03 患者さんがストレスをためないよう待ち時間を減らす 97

contents 目次

Point 04 なるべく多くの患者アンケートを集める 102
Point 05 クレーム報告を歓迎する 106
Point 06 診療所外で患者さんと出会うことを恐れない 109
Point 07 診療科目に合わせたバランスでＤＸを導入する 110
Point 08 当院で使っている電子カルテと予約システムについて 114

原則5

外部の力も借りて組織をつくる

Point 01 職員満足度を上げることが先決 122
Point 02 スタッフとのパートナーシップを強化する基礎固め 126
Point 03 院内コミュニケーションを活発化させる工夫 132
Point 04 派閥形成を予防する 136
Point 05 組織を任せられる事務長を雇用 145
Point 06 職員の士気を高める組織整備の基本 146

原則6

広告を活用する

Point 01 ホームページでの情報発信 160
Point 02 SNSの活用、これからの広告について 163
Point 03 広告の種類 165
Point 04 患者さん向けイベントのススメ 169
Point 05 Google マップを気にしすぎるな 171

原則7

戦う市場を定めて勝負をする ～SHIGYO MEDICALが目指す医療～

Point 01 地域の健康を守るために再診率を高める 178
Point 02 高度な検査・治療は連携先に紹介 戦う市場の定め方 182
Point 03 勤務医と開業医で異なる医師としてのスキル 186

Point 04 今後の展望 188

対談：当院で働いてくださった藤本雷先生が語る当院の印象 192

おわりに 理想のクリニックをつくるために 196

原則1

これまでの
常識を疑う

Point 01

開業医を取り巻く環境は甘くない

当院の経営について話す前に、まずは開業医を取り巻く環境をあらためておさらいしておきましょう。釈迦に説法かもしれませんが、私が肌で感じていることも含めて、最初にお伝えできればと思います。

医局制度の崩壊からはや20年、医師のキャリアの選択肢は大きく変わってきています。かつては大学医局に所属して関連病院を数年ごとに移動し、医局に忠誠を近い、教授を目指すというキャリア以外は許されず、脱落者が開業やフリーランス、つまり開業医になるというイメージがありました。

しかし、現在は大きく様変わりしています。医局の影響力の低下とともに若くして開業医やフリーランスに転向する医師が増えました。その結果、かつての王道のキャリアである勤務医の数が減り、人手不足による激務や研究活動の停滞、限られた人材の僻地医療への派遣など、医局にいる医師にとっては過酷な状況が続いています。そんな状況がまた開業志向の医師、フリーランス思考の医師の増加に拍車をかけている状況が続いています。

では、開業医になれば、一生安泰なのでしょうか。

医師数は年々増加しており、1988年に20万人を突破。現在は33万9000人と増加の一途をたどっています。昨今の医学部の定員増により、毎年、医師は増加しています。私が医学部を卒業した頃は年間4000人程度でしたが、現在は年間6000人程度増加しています。日本人の人口は2012年をピークに低下しているので、近い将来、患者さんの数に対して医師が過剰になるのは火を見るよりも明らかです。

国家財政面から見ても、社会保障費が予算の半分以上を占めており、ついに100兆円の大台を突破しました。財務省は医療費の削減を緊急的課題として取り組んでいます。

現在の全国の診療所数は、約10万件もあります。毎年約5000件が新規開業する一方で4000件が廃業していますので、およそ毎年1000件ずつ増えているという計算になります。これからも医師は増え続け、診療所増加の傾向は持続することが予想されます。医師の増加にともない診療所は増加していきますが、少子高齢化により患者数は減少していきます。財務省による医療費の削減も進んでいきます。開業医になるということは、このような厳しい環境に身を置くということです。

医療業界よりも10年先を進む歯科業界に目を向けると、少し先を見通すヒントを得ることができます。歯科業界では、勝ち組と負け組がはっきりと分かれており、勝ち組の歯科医院にはたくさんの患者さんが押し寄せ、負け組の歯科医院は閑散としています。診療所の経営者になったにもかかわらず、勤務医の先生方よりも収入が少ないという歯科開業医は少なくありません。経営面での二極化が進んでいるので、歯科以外の開業医にとっても今後同じような状況になっていくことが予測されます。歯科業界で起きたことは、10年遅れで医療業界にも起きるというのが定説です。10年後の診療所を取り巻く環境は、今よりもさらに競争が厳しくなっていると考えるべきでしょう。

このような状況下で開業しようと考えるならば、10年後を見据えた戦略を立てなければなりません。戦略を考えることなく、コンサルタントの言う通りに駅前の視認性が良い場所を開業地に選んだり、「どうせ離職をするのだから」と業者に任せてスタッフ採用をしたり、「診察さえしていれば3年後には経営は軌道に乗る」というひと昔前に開業した先輩医師の言葉を鵜呑みにしたりしていては、ジリ貧になってしまう可能性が高くなるということです。

一方でしっかりと経営を学び、診療所づくりにこだわっていけば、当院のように視認性が悪く交通の便が悪い場所でも1年で利益を出し、医療法人化することが可能です。

診療所が医療法人化をするには、おおむね税引き前の利益が少なくとも3０００万円であることが基準になります。経営戦略により利益があっても法人化しない医院もありますし、3０００万円以下の利益でも法人化する医院もありますが、経営戦略を立てれば、開業1年目で3０００万円の利益を出すことはできるということです。

得た利益は、医師自身はもちろんのこと、患者さんやスタッフ、地域にも将来的に還元していくことが前提です。医療費は税金です。国民は良い医療を受けるために税金を払っているのですから、良い医療を提供し続けられるような投資をしたり、環境を整備したりするために活用すべきです。

だとすれば、開業する医師の方々が、なるべく早く、良い医療を提供できる環境を整えられるよう、経営のノウハウを提供すればよいのではないかと考えるようになり、このたび、本書の執筆を決意しました。

私自身は、開業前から、様々なセミナーに参加し、開業医の先輩から多くの話を聞いてきました。そのすべてが参考になったかといえば、そうとも言えません。

開業セミナーというものは、多くの場合、顧客を獲得したい開業コンサルタントやそれに付随する税理士や医療機器メーカーなどが主催しています。その結果、セミナーの結論は業者寄りになることが多くあります。「専門家を活用すれば医師は診療だけに専念できる」とか、「この医療機器が最新でコストカットができる」などの売り文句がつけられ、その機械を導入しなければ開業が成功しないようなイメージを持たせられて帰宅することが多々ありました。税理士から紹介された内装業者に工事を依頼したら、その税理士にバックマージンが入っていたなどという話もよく聞きます。開業をサポートするという触れ込みで、実際は医師を食い物にする業者が多いのも事実です（すべての業者がそうだと言っているわけではありません）。

このような事態をできるだけ回避するためにも、開業医の立場から、最短で利益を出せる診療所づくりのノウハウを提供したいと思います。

また、働き方改革の影響で、今後の働き方を再考する医師も増えていることでしょう。今後は、開業して一国一城の主になるという選択肢だけではなく、医療法人が運営する複数の医院で分院長という肩書で働くということも選択肢の一つになっていくことと思います（歯科業界ではすでに一般的な働き方になっています）。そのような場合にも、診療所づくりの戦略やノウハウを知っていれば、勤務先を選別したり、分院長として実績を出したりするうえで役に立つものと思います。

開業医を取り巻く環境は決して甘くはありません。しかし、このような環境でも、開業してよかったことはたくさんあります。経営を軌道に乗せるノウハウもたくさんあります。順を追って、私自身が開業して気づいたことや磨いたノウハウについて、一つひとつご紹介していきます。

Point 02

当院の経営が軌道に乗るまで

あらためて当院の紹介をいたします。当院は2020年4月1日に、兵庫県尼崎市に開設した内科皮膚科医院です。医師は、内科医である私と皮膚科医の妻の2人。求人媒体で4人のスタッフを採用して、スタートを切りました。その後、患者さんの増加に伴い、スタッフ数を徐々に増やしていきました。

私も妻も、それまでは大阪の病院で勤務医をしていたため、完全にパラシュート開業でした。土地を見つけて建物を建て、スタッフを採用・教育して準備を整え、さあ、これからがスタートだと気合を入れたものの、開業からわずか2週間後に、新型コロナウイルスに対する緊急事態宣言の第一回が発令されました。

当時はコロナウイルスがどんなものかもわかっておらず、とにかく人との接触を控えなければと国民が不安一色だった時期です。

繁華街が閑散としているのですから、当院が位置する住宅街はもっと閑散としています。通りに出ても、誰も歩いていません。開業を延期したほうがいいのかと悩みましたが、予定通り、開院しました。幸いにも、患者さんが０人という日はありませんでしたが、１日に数人しか患者さんが来院しない日が続きました。開院前から患者さんが行列をつくるような、華々しいスタートではありませんでした。

そんな状態から少しずつですが患者さんが増え、1年経過するころには1日70人前後の患者さんが毎日来てくれるようになりました。妻が妊娠・出産をしたこともあり、皮膚科は診療時間を制限することになったので、ほぼ内科診療の外来患者数です（現在は、１２０〜１６０人の患者さんが来院してくださっています）。

開業当初、暇だった診療時間に、私はただ診察室で患者さんを待っていたわけではありません。来てくださった患者さんが、次回も当院に来てくれるにはどうしたらいいのかを考え、電子カルテの情報を見ながら来院患者さんのデータを分析し、想像力を働かせてシミュレーションを行い、再来院したくなる組織をつくるためのノウハウを磨いていました。

Point 03

病院と診療所では患者が求めるものは違う

患者さんから選ばれる診療所をつくるために、最初に意識したのは、病院と診療所の役割の違いでした。

私は開業を考え始めた頃から、診療科目を問わず、たくさんの診療所のホームページを見ました。どんな医師が、どんな診療所を、どんな立地で、どれぐらいの規模で経営しているのか、参考にしたかったからです。

医師である私から見れば、有名大学出身で管理職などを務められたキャリアを持つ医師が経営する診療所は、どの院もすべて繁盛しているだろうと想像していたのですが、ホームページや口コミ情報などを見比べているうちに、そうとは限らないのではないかと感じるようになっていきました。キャリアが浅く若くして開業している医師の診療所は、私から見れば心もとなく感じますが、ネットの口コミ評価が高かったり、外来患者数が増えて勤務医を雇用したりしていて、繁盛している診療所も多くあります。

この事実は、患者さんが病院に求めている医療と、診療所に求めている医療が違うことを、はっきりと表しています。

大学病院や総合病院には、患者さんは最先端の医療や高度な医療を求めています。ですから、病院が多少不便な立地にあったとしても、担当医師が多少横柄な態度をとっても、看護師の対応に不満があったとしても、その病院にかかることをやめません（稀にやめる患者さんもいますが、少数派だと思います）。つまり、病院の看板を信頼して、受診をしているのです。

言葉は悪いかもしれませんが、患者さんにとって、担当医師はモブキャラ（名前はあるが存在感のないキャラクターのこと）と同様です。その病院にいる医師であれば誰でもよく、あくまでも主役は病院なのです。

一方で、診療所は、その小さな看板に力はありません。多くの診療所は院長一人で経営をしていることもあり、医療だけではなく、「あの先生に診てもらおう」「あの先生はやめておいたほうがいい」など、医師の人間性が主役にならざるを得ません。有名大学出身というキャリアもそれなりに重視されるのかもしれませんが、それよりも人柄や患者さんへの態度、説明の丁寧さなどが重要なポイントになります。

また、院長だけではなく、スタッフや建物を含めた空間も主役です。「あの診療所は、受付のスタッフが優しいから居心地がいい」「わからないことはスタッフに聞けば教えてもらえるので助かる」「待ち時間が少ないから通いやすい」「受付スペースが広くて待ち時間が苦にならない」「駐車場が広いから行きやすい」など、ネット掲示板の口コミの多くにスタッフの言動や待ち時間、通いやすいかどうかという条件を要因にするものが目立ちます。

開業医になったら病院勤務医時代の肩書きは通用しなくなり、地域の医師・診療所としての存在感を0から築いていく必要があります。地域住民に必要とされなければ、経営は行き詰ります。「まずは、近隣の住民の方々に、当院が必要だと思ってもらえる存在になろう」。それが、私が最初に目標に掲げたことでした。

とはいえ、勤務医時代の私は、そのような目で開業医の先生方を見たことがありませんでした。開業医の先生方から紹介された患者さんを診療しながら、

「今どき、こんな処方箋の出し方はしないのになあ（開業医が持っている情報は遅れているのか？）」

「こんなことで紹介状を書くなんてレベルが低い開業医が多いんだなあ」

など、勤務医の立場が上で、開業医の立場を低く見ていたような気がします。

若かった勤務医時代の私は、傲慢でした。病院の設備が充実していることを、医師である私の実力であるかのように過信していたのです。ですから、私が開業すれば、すぐに繁盛する診療所をつくることができるだろうと、開業や診療所経営を簡単なものだと考えていた時期もありました。

しかし、開業がそう単純ではないことを、今の私は十分すぎるほど知っています。病院と診療所では、患者さんが求めているものが違うのです。勤務医だった頃の私がそのまま開業しても、うまくいくわけがありません。きっと傲慢な態度に愛想をつかして、患者さんは二度と来院してくれなかったことでしょう。

Point 04 患者さんにとって「良い医療体験」とは

診療所が、地域で必要とされるためには、医師とスタッフが力を合わせて、患者さんに「良い医療体験」を提供することだと私は考えます。

では患者さんにとって「良い医療体験」とはどのようなものでしょうか。

医師は医療の質で患者さんの満足度が上がると思ってしまいがちです。もちろん、大前提として医療の質は大切です。でも、診療所で「良い医療体験」を提供するためには、もっと大切なことがあります。それは、「安心を提供すること」です。

医療の場面とは少し異なりますが、例えば、マイカーが故障したときをイメージしてみてください。

突然マイカーが故障してあなたが困っているときに、どのような対応をされたら安心して、納得して修理を受けることができるでしょうか。流れ作業のように事務的に修理について案内されたり、修理技術に自信があるからといって専門用語ばかりで修理方法をまくしたてられたり、上から目線で

「細かい技術のことを説明してもどうせわからないだろう」という態度で説明を省略されたり、こちらの意向を聞かずに修理ではなく買い替えを提案されたりしたら、どのように感じるでしょうか。
反対に、「故障して大変でしたね」「故障するとどうしたらいいかと不安になりますよね」と不安を受け止めてもらえたらどうでしょうか。その後、じっくりとマイカーの状況を確認して故障の原因をわかりやすく解説してくれたり、専門用語を使わずわかりやすく解説してくれたり、マイカーへの愛着を理解してくれたり、そのうえで買い替えという方法もあることを教えてくれたりしたら、どのように感じるでしょうか。

ほとんどの方は、後者の担当者の説明や態度に安心感を覚え、一緒に解決策を考えたいと思うのではないでしょうか。

医療も同様です。患者さんにとっての「良い医療体験」とは、「不安に寄り添ってくれる」「わからないことをわかるように解説してくれる」「どうすればいいのかという選択肢が見えるようになる」「納得して解決策を一緒に考えようと思える」という「安心感の提供」だと私は考えています。

ですが、患者さんの心ではなく、医療の質を優先する多くの医師は、患者さんの不安を受け止めるというプロセスを無意識のうちに省略していることが多いのです。病名を特定することに集中しすぎて事務的な問診に終始したり、患者さんの顔を見ずに電子カルテの入力に集中したり……。

その結果、患者さんは、不安を解消するためにドクターショッピングを繰り返すのです。

では、患者さんの不安はどう受け止めればいいのでしょうか。

それは、否定も肯定もせずただ黙って話を聞くことです。話が長くても、まとまりがなくても、患者さんに向き合い、顔を見て、時にはうなずきながら、話し終わるまで耳を傾けます。そして、話し終わったら、その不安を別の言葉で言い換えたり、患者さんの言葉をそのまま繰り返したりして、「○○なんですね」と不安に寄り添う言葉を添えます。

そこが患者さんに「良い医療体験」を提供するスタート地点です。スタート地点に立たずに病名探しをしても、患者さんにとっては全く意味がありません。

病院では往々にして患者さんの話を聞くよりも病名探しが優先されます。待ち時間解消のためには、効率のよい診療をしなければなりませんし、一人ひとりの患者さんとじっくり話をする時間などとることは不可能でしょう。ただし、効率のよい診療を優先して患者さんとの対話時間を短くできるのは、かかりつけ医である開業医がすでに患者さんの話を聞いて、スタート地点に立ち、紹介状を書いてくれているからこそです。患者さんが信頼する開業医が紹介しているから、その紹介先である病院を信頼して受診しているのです。そして、勤務医は開業医の紹介状に書いてある情報があるからこそ、病名探しや検査選択がスムーズにできるのです。

患者さんの不安にひたすら耳を傾けることは、難易度が高い開業医の仕事のひとつです。患者さん自身がわかっていないこと、感覚的にとらえていること、整理できていないことに耳を傾け、いつ終わるともわからない話をひたすら聞き、整理したり、誤解を解いたり、推理したりする作業は、病名をつける前段階で非常に重要な意味を持ちますが、手間も時間もかかります。

しかし、この作業があるから、患者さんの信頼を得たり、かかりつけ医として認めてもらえたり、家族や友人に「あの診療所はいいよ」と勧めてもらえたりするのです。

患者さんにとっての「良い医療体験」は、診療所にとっても「良い患者さん」を得る一助になるものです。

Point
05

薬の自動販売機になるな

では、「良い医療体験」ではなく、「良くない医療体験」はあるのでしょうか。
私が考える、患者さんにとって「良くない医療体験」は、ただ、薬を出すだけ――つまり、薬の自動販売機のような診療所です。

患者さんにとって、ただただ薬をもらうためだけに診療所にかかるのは本当に意味のないことです。病気が治ったり、良くなったりする見通しが立たず、不安を抱えたまま生活を送ることになります。そのうえ、通院のための時間やお金もかかります。それなのに、得られるのはいつも同じ薬だったとしたら……。想像に耐えがたい絶望を覚えるのではないでしょうか。

にもかかわらず、薬の自動販売機のような診療所は、たくさんあります。経営が軌道に乗って、患者さんに関心がなくなっているのでしょうか。待ち時間を減らすため、診療時間を削減したいから、薬を出すだけの患者さんを抱えているのでしょうか。そんな状態が続くならば、その患者さんにとって果たして医師は必要でしょうか。

そんな疑問に「医師は不要」だと言わんばかりに、最近はオンライン診療やリフィル処方箋など医師がいなくて済む場面が増える方向に舵が切られようとしています。

どうせ安心できないのであれば、安くて手間のかからない方法がいいのは当たり前です。しかしそれでは、地域の開業医が生き残っていくことはできません。

インターネットがない時代は、立地さえよければ、一定数の患者さんの来院を見込むことができました。医師が不愛想でも、待ち時間が長くても、診療してもらうには受診するしかなかったからです。しかし、現在はオンライン診療でこと足ります。必要なアプリをダウンロードして、保険証やマイナンバー、クレジットカード情報を登録さえすれば、自宅にいながら診療を受けることが可能です。オンライン診療なら24時間365日診療ができる大手医療グループが勝利を納めるでしょう。

そんなことにも気づかず、小さなクリニックがオンライン診療の環境を整え、ホームページでアピールしているのを見ると、私にはその診療所の死亡フラグが立っているようにしか見えません。患者さんにとって便利なオンライン診療の土俵で、小さな診療所ができることには限りがあるからです。

もちろん、オンライン診療を受けることが、すべての患者さんにとってマイナスであるとは思いません。多忙な働き盛りの人たちにとって、便利なツールであることは認めます。ただの風邪であれば、オンライン診療でも十分かもしれません。

でも、オンライン越しで、触診もできず、モニター越しの観察だけで、発見できる病気は一部ではないでしょうか。それに、患者さんにとっての「良い医療体験」は、オンライン越しではつくることができないでしょう。「話を聞いてもらった」「不安に共感してもらった」「そのうえで、検査をしてもらった」「検査結果のうえ、処方してもらった薬を飲んで回復した」などの経験が得られないため、患者さんの不安が根本的に解消されることはないのです。

Point 06

口コミを呼ぶのは技量よりも器量

現在は、飲食店や旅行サイトだけではなく、診療所についてもネット掲示板の口コミがたくさん書き込まれています。特に、影響力があると思われるGoogle mapの口コミをご覧になったことがあるでしょうか。Google mapの口コミは匿名で色々なことが書き込めるため、多くの診療所の掲示板は否定的な口コミであふれています。

「院長が上から目線で何も話を聞かずに薬を出してくる。二度と行きません」

「受付のスタッフが偉そう。雑談をしていて気分が悪い」

「電話応対が最悪」……などなど。

果ては内容がなく☆1つだけの口コミすらあります。

医療者側からすると、「あのときはちょうど開業したばかりでスタッフも慣れていなかったんだよ……」「クレーマーが来院した日で受付スタッフが疲弊していたから……」「いやいや、あれは患者さんの態度に問題があったんだけど……」など、言い訳をしたくなるような口コミもたくさん書き込まれます。そして、実際に、医院側が患者さんの口コミに反論しているようなケースも多々あります。

ひと昔前なら、そんな口コミは気にせず、無視していればよかったのですが、現在はこの口コミ対策がとても重要になってきています。患者さんが来院前にホームページだけではなく、口コミもチェックをして、他院と比較したうえで来院するケースが増えているからです。

ちなみに、口コミはどうして生まれるかをご存じでしょうか。

人間が何かの体験についてネット上に口コミを投稿するときは、「とてもよかった体験」もしくは「とても不快になった体験」があるときのどちらかではないでしょうか。もちろん、友人同士や家族間では、他愛のない小さなトピックが話題に上ったり、SNSでメッセージをやりとりしたりすることはあるでしょう。

しかし、それ以外で、例えば、旅行予約サイトに宿泊した宿の口コミをあえて投稿するとしたら、「本当にあの宿を選んでよかった」か「あんなところに泊まるんじゃなかった」と思っているときでしょう。期待値の範疇の宿だったら、あえて投稿はせず、そのまま旅行を終えて、日常生活に戻っていくのではないでしょうか。

つまり自分が期待する（予想する）レベルを、良い悪いは別として、大幅に裏切られたときに口コミが生まれるのです。数値化はできませんが、同じくらいの裏切り度合いである場合は、良い口コミよりも悪い口コミの方が書き込まれているような気がします（あくまで個人の感想ですが）。

飲食店や宿泊宿であれば、食事の質や量、サービスや空間などが評価対象になります。

しかし、医療機関の場合は、医療レベルや質について書き込まれることはほとんどありません。なぜなら、その医療レベルが高いか低いかという判断を患者さんがすること自体、難しいからです。多くの口コミは、医療そのものではなく、医師やスタッフの態度や発言、待ち時間などに関するものです。

つまり、患者さんにとって「良い医療体験」を提供できなかったときに悪い口コミが投稿され、「良い医療体験」を提供できたときに、評価の高い口コミが書き込まれているのです。

当院の口コミは、2024年2月時点で88件あり、5点満点のうち4・5の高評価をいただいています。開業以来、4・5以上を維持していますが、これは意識して「良い医療体験」を提供しようと心掛けているからだと自負しています。

私だけではなく、スタッフについての書き込みも多くありますから、医療体験は医師とスタッフが一丸となってつくり上げるものだと考えています。そして、この医療体験をどれだけブラッシュアップできるかが、悪い口コミを減らす対策になります。患者さんの期待を良い意味で裏切ることができれば、評価の高い口コミを増やすことができ、新患も増えていくという良いスパイラルをつくることにつながっていく――つまり、口コミを呼ぶのは技量よりも器量なのです。

他院の口コミ状況を見ていると、まれですが、明らかに良い口コミを捏造しているかのような医院もあります。しかし、内科医院において、捏造は自殺行為です。

というのも、Google 口コミの評価が高いほど、患者さんは「調べた結果、この医院がよさそうだ」とご自分の期待度を上げて来院されます。期待度が上がっているので、本当の口コミであれば期待値を下回ることはないのですが、捏造の場合は実情が期待値を大きく下回ってしまいます。その結果、悪い口コミが書き込まれるか、書き込みに至らなかったとしても、2度目の来院には至りません。初診は多いのに、再診率の低い医院になり、経営が安定しなくなってしまいます。

手術で治る疾患を扱う診療所であれば、患者さんとの付き合いは短くてもよいのですが、生活習慣病など再診率が経営を左右する内科の場合は、初診だけではなく、再診患者さんが増える仕組みをつくらねばなりません。ですから、口コミを捏造すること自体が、再診率を下げるというスパイラルに陥るきっかけになってしまうのです。

Point 07

医師の言動は患者満足度・再診率・口コミを大きく左右する

口コミを呼ぶのは技量ではなく器量。チームワークで患者さんの「良い医療体験」をブラッシュアップしていくことが大切だ、と先ほど述べました。とはいえ、医師の言動が患者さんの医療体験に最も影響を与えることは事実です。

患者さんと丁寧に話をしようと思ってはいても、医師と患者さんとの間には医療知識の乖離が天地ほどあるため、話し合いを成立させるためには労力も根気も求められます。

インターネットがない時代であれば、多少雑な説明でも、「医師がそう言うのだから」とそのまま受け入れてくる人も多かったのでしょうが、今の時代はそう簡単にはいきません。ネットで多くの情報を見比べたうえで、自己診断をしている人も多く、その判断が的外れではないことも多々あります。専門用語を理解する人が増えたことは医師にとってありがたいことでもありますが、医師に比べると知識量は圧倒的に少ないため、随所に誤解が見られることも多いはずです。内心、「またた始まった……」とため息をついたり、患者さんの話をさえぎったりして圧力でその場を制する医師も多くいるのではないでしょうか。

一般企業であれば、大手企業であるほど、仕事内容は専門ごとに切り分けられ、営業職、技術職、事務職に職域を限定されていることも多いのでしょうが、開業医の仕事は技術職と営業職を兼務しているような位置づけです。

大病院であれば、医師も技術職としての側面を最大限生かして仕事をしていればいいのかもしれません。でも、開業医はそうはいきません。開業当初は医師が一人、看護師や事務職を合わせて数人でスタートすることがほとんどですから、それぞれの持ち場で患者さんと接点を持つものの、診察室での接点は医師のみが持つことになります。患者さんに「良い医療体験」を提供するために、患者さん側の話をしっかりヒアリングしたり、要望を整理したり、治療の選択ができるようサポートしたりするのは医師しかいませんから、営業職としての側面が求められます。

ですから、開業医になるということは、勤務医時代の技術者としての側面に加えて、営業職としての役割の比重が大きく加わるのだという意識を持つ必要があります。患者さんの話をしっかり聞こうとすると、どうしても一人当たりの診察時間は長くなります。しかも、診療所にいらっしゃる患者さん全員にそれを行うとなると、いくら時間があっても足りません。待ち時間を最小限にしつつ、「医師に話をしっかりと聞いてもらった」と思ってもらう……勤務医の先生方から見れば、非効率に思えるかもしれませんが、その非効率さこそが、診療所の経営を支えているといっても過言ではありません。

ここまで読んで、開業医の仕事を「手間がかかる」とか「面倒そうだ」などと思う方もいらっしゃるかもしれません。でも、地域の一人ひとりの患者さんと丁寧に向き合う時間は、病院の勤務医時代には十分に味わえなかった時間でもあります。労力が必要であることは事実ですが、患者さんとのやりとりを通じて、医師という仕事のすばらしさを再実感できることもまた事実です。

Point 08

ほとんどの患者さんは医師の説明に納得してはいない

開業医になってつくづく実感していることがあります。それは、ほとんどの患者さんは医師の説明に納得してはいないということです。納得していないから、再診をせず、別の診療所にかかります。

当院では、初診患者さんの診察には時間をかけるようにしています。初診でいらっしゃる患者さんは、持病をお持ちの方も多いので、それまでもどこかの医療機関にかかっていたことがほとんどです。これまでの経過をお聞きしたり、なぜ当院に来てくださったのかをヒアリングしたりするのですが、「前の医院では〇〇と言われたんだけど、詳しい説明はなかった」とか「病院でこの薬を飲むようにと薬を処方されたけど、体調がよくなったので、自己判断で飲むのをやめた」「前の医師の診断は本当に合っているのか」などとおっしゃる患者さんが多くいらっしゃいます。つまり、以前かかっていた医療機関に何らかの不満を持っているから、当院に来院しているということです。

どこにかかっていたのかを聞いても、特に問題がある医療機関ではなさそうです。誤診をしているわけでもありません。ただ、医師やコメディカルの説明に納得できず、その院での治療を継続したくないだけということがよくあります。

ですから、そのような患者さんを診察するときは、いつも以上に時間をかけて話を聞き、その患者さんが抱えている不満や不安の正体が何なのかをできる限り知ろうと質問をするようにしています。根本的な原因は、説明内容よりも医療従事者の態度だったり、治療の見通しが立たないことへのいら立ちだったり、家族の病気への無理解だったり、生活上の支障だったりとさまざまです。初診の時点ですべてを聞き取ることができるかどうかはわかりませんが、前にかかっていた医療機関への根本的な不満を回避できれば、当院で長く治療をさせていただくことが可能になります。

そして、説明に納得していただけるよう、なぜこの薬が必要なのか、治療の見通しはどのようなものか、治療をした後にはどんな生活が待っているのかなど、しっかりと説明するようにしています。薬以外の生活上の工夫についても、できそうなことから伝えます。初診患者さんには、「当院に来てよかった」と笑顔で帰っていただけることを目標に、対話に力を注ぎます。そうすることが、結果として、納得して治療を受けていただくこと、そして再診率の向上につながるからです。

Point 09

再診率は内科医の通知表である

さて、ここまでお読みになれば開業医は「患者さんに寄り添って」「しっかりと説明をして」「患者さんの満足を得る」。そのことに注力すれば、伸びしろがあることがわかると思います。

こういった話をすると多くの開業医の先生方は「すでにやっているけど患者が来ない」とおっしゃいます。きっと実践していらっしゃるのだと思います。それでも患者さんが来ないのであれば、実践方法のどこかが違っていると考えるのが自然です。

例えば、受験勉強などで「一生懸命勉強をしているのに成績が上がらない」という悩みには、「勉強の仕方が悪い」という指摘をされることが多々ありますが、それと同じことです。

具体的に、どこが間違っているのかを見直す際に、一体どの程度の患者さんが支持してくれているのかという支持率を測る方法があります。患者さんの再診率を計算するのです。

再診率には明確な定義はありません。診療科目はもちろん、疾患によっても通院回数は変わります。例えば簡単な風邪であれば、極論リピートはないことが多いです。一方で、慢性疾患であれば理論的には無限に近い回数をリピートすることが考えられます。ご自身の診療科で特によく見る疾患の患者さんを想定し、再診率を測定してみてください。

なお、当院でも疾患別にどれくらいの受診頻度を目安にするのかを割り出し、簡単な再診率の割り出し方法を独自でつくっています。

ご興味がある方は、読み進めていただければメール登録のＱＲコードを載せていますので是非登録して情報を得てください。

診療科目によって測定方法は変わると思いますが、再診率は内科診療所の通知表だと私は考えています。

再診率が上がれば上がるほど外来患者数は安定し、売り上げおよび利益が安定することにつながります。治療を継続してもらうことができれば、患者さんの状態も安定していきます。このことに気づいて以降、どうすれば再診率を維持向上させることができるかを試行錯誤してきました。

※下のＱＲコードから登録していただければ、
当院の再診率計算法やグラフなど追加コンテンツを読んでいただけます。

原則2

患者さんの
ニーズに応える
医療面談をつくる

Point 01

患者さんにとって診療室はアウェイである

第一章で、内科診療所の経営には、再診率の向上が不可欠であること、その再診率を上げるためには患者さんに「良い医療体験」を提供することが大切であることを述べました。「良い医療体験」をつくる前提として、知っておきたいことがあります。

それは、患者さんにとって、診察室は本来、居心地がよくない場所であるということです。

昨今開業される診療所は、内装も工夫されており、木材をうまく使ってリラックスできそうな空間を演出したり、天井を高くして開放感を出したりする診療所も多いですが、どれだけ工夫をしても、診療所や診察室は、本来、患者さんが喜んで行きたい場所ではありません。

なぜなら、患者さんにとって、診察室はアウェイだからです。

ご自身の身体のことでありながら、検査をしてみなければ詳しい状況はわからず、病気であることが目に見えるわけでもありません。目に見えない病気を、赤の他人である医師から指摘されます。予備知識がなければ医師の説明を１００％理解できるわけではなく、その場で言われたことに対しては、ひとまず受け止めるだけで精一杯です。診察時間は限られており、次の患者さんが待っていることを考えると、まとまらない心の中を吐露するわけにもいきません。家に帰って、診察室で説明されたことを家族に十分説明できるかどうかの自信が持てるわけでもありません。レントゲンの図などを見せられたところで、どこにどんな病巣があるかを読み取ることもできません。つまり、患者さんにとって診察室は、「自分自身がわかっていない身体状況を宣告される場所」であり、そのために緊張する場所であり、「できるだけ行きたくない場所」でもあるのです。

そんな居心地がよくない場所である診察室に、患者さんは何度も来たくなるわけがありません。ですから、せっかく当院に来院してくださった患者さんには、「アウェイ」である診察室を少しでも「ホーム」に感じていただけるよう心掛けていることがあります。

Point 02

「話を聞いてもらえた」が満足度を高める

患者さんは、緊張しながら診察室に入り、大げさにたとえるなら、まるで被告人が裁判所で刑を言い渡されるかのような気持ちで診察室に入ってきています。医師にしてみれば、検査結果や診察結果について伝えるために患者さんの名前を呼んでいるので、患者さんが入ってきたら、早々にその結果を説明するのが通常の流れでしょう。

しかし、診療所の診察室は、病院の診察室よりも頻繁に訪れる場所になりますから、病名を特定したり、検査結果を告知したりするだけの場所ではありません。患者さんの訴えや不安をしっかりと聞き取る場所であり、患者さんがしっかりとご自身の気持ちや状況を伝える場になれるかどうかが「アウェイ」から「ホーム」に変換できるかどうかのカギを握ります。

患者さんの話をしっかりと聞き取ることは、患者さんが「話を聞いてもらえた」「気持ちを理解してもらえた」「この医師には味方になってもらえそうだ」「今後いろいろ相談できそうだ」という安心感を持つことにつながり、「来院してよかった」「次回もここに来院しよう」という「良い医療体験」だと感じてもらえる第一歩につながります。

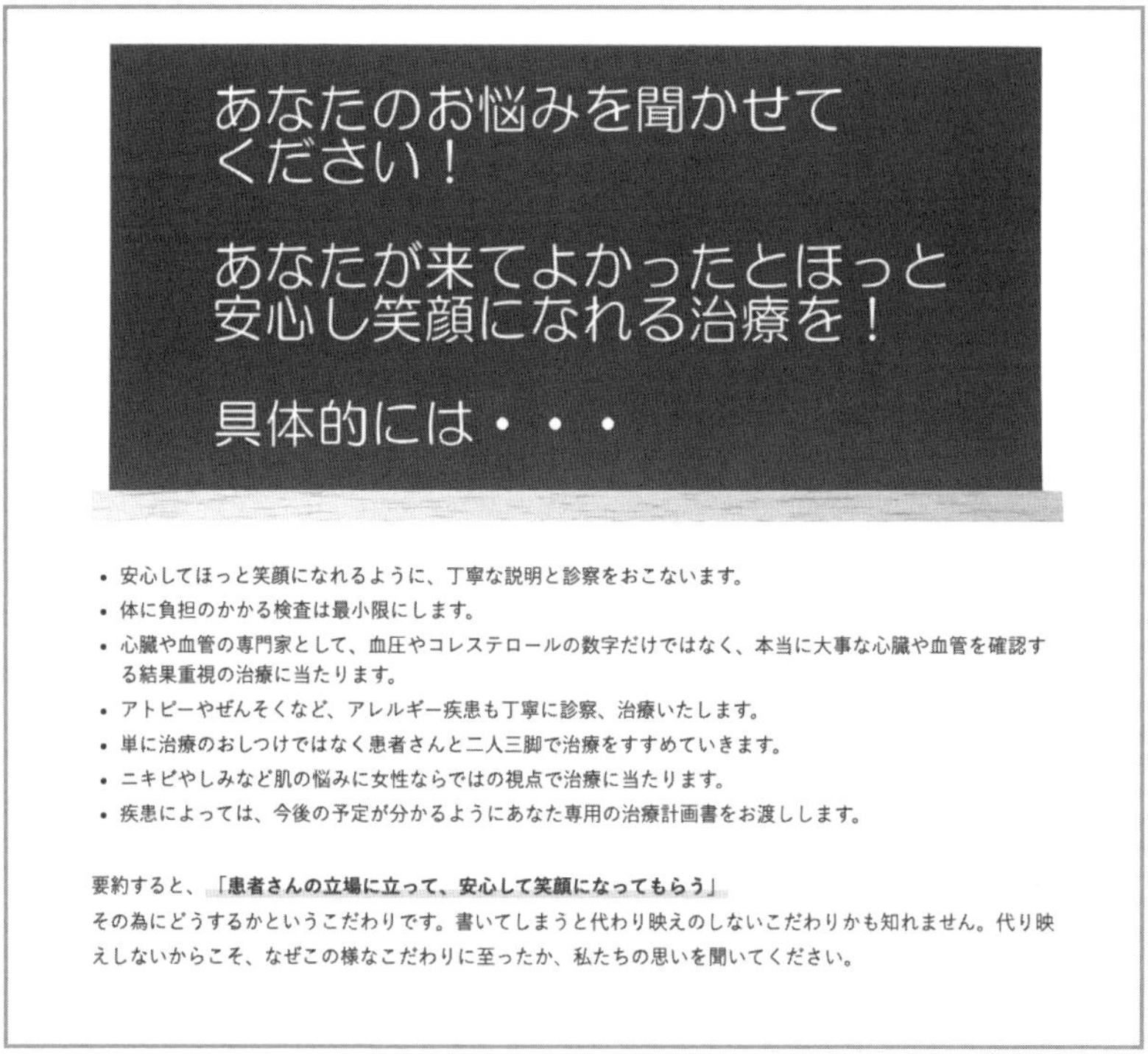
あなたのお悩みを聞かせてください！
あなたが来てよかったとほっと安心し笑顔になれる治療を！
具体的には・・・
・安心してほっと笑顔になれるように、丁寧な説明と診察をおこないます。
・体に負担のかかる検査は最小限にします。
・心臓や血管の専門家として、血圧やコレステロールの数字だけではなく、本当に大事な心臓や血管を確認する結果重視の治療に当たります。
・アトピーやぜんそくなど、アレルギー疾患も丁寧に診察、治療いたします。
・単に治療のおしつけではなく患者さんと二人三脚で治療をすすめていきます。
・ニキビやしみなど肌の悩みに女性ならではの視点で治療に当たります。
・疾患によっては、今後の予定が分かるようにあなた専用の治療計画書をお渡しします。
要約すると、「患者さんの立場に立って、安心して笑顔になってもらう」

その為にどうするかというこだわりです。書いてしまうと代わり映えのしないこだわりかも知れません。代り映えしないからこそ、なぜこの様なこだわりに至ったか、私たちの思いを聞いてください。

当院のホームページトップ画面

ですから、診察室を「ホーム」と感じてもらうための準備は、早ければ早いほどいいと私は考えています。

当院のホームページをご覧いただくと、最初のページに「まず、患者さんのお悩みを聞きます」と書いています。その後に、「安心してほっと笑顔になれるように、丁寧な説明と診察をおこないます」「体に負担のかかる検査は最小限にします」「単に治療のおしつけではなく患者さんと二人三脚で治療をすすめていきます」など、患者さんが少しでも安心できるような情報を列挙しています。来院前から少しでも安心してもらえるよう、当院の診察室を「ホーム」と感じていただけるよう、来院前から「ホーム」をつくる準備をしているのです。
そして、初診時がとても大事です。

診察室を患者さんにとっての「ホーム」にするには、双方向のコミュニケーションが成立する場所にすることが必要です。「あなたの気持ちを話してください」と言っただけで、患者さんは「では、話します」と話し始めるわけではありません。「この先生に話をしたらわかってもらえる」「何かあれば相談しよう」と思ってもらえる、患者さんにとって話しやすい場所でなければ、決して話を始めません。

双方向のコミュニケーションを叶えるなら、検査結果を伝えた後に「何か質問はありますか？」と患者さんが話したり、質問をしたりする機会をつくればいいのではないかと思う方もいらっしゃるかもしれませんが、その場で言われたことに対してすぐに質問が思い浮かぶ患者さんは多くはありません。だいたいの患者さんは、その結果をいったん受け止め、帰宅途中や帰宅後に言われたことの意味を調べ、ご自身なりの理解を深めたうえで家族に説明し、説明しながら「理解できていないことが多い」ことに気づきます。なかには、ほとんど医師の説明が理解できておらず、後日、ご家族と一緒に「説明をもう一度聞きたい」と来院されるケースもあります。病名を聞いただけでパニックに陥り、医師の説明が耳には入っていないというケースもあります。その場で質問がなかったからといって、納得しているわけでも、すべてを理解したわけでもありません。

ですから、初診時には、患者さんが今どんなことを不安に思っているのかを聞き、受け止め、そんな不安を持ちながら診察室に入ってきてくれたことをねぎらうことから始めています。スタート地点に立つことができれば、患者さんはおずおずと自分の気持ちを話し始めることがほとんどです。

患者さんが気持ちを話している最中に、医師は解決策を提示する必要はありません。病状を的確に解説する必要もありません。その場では、とにかく話を聞くことに集中することが大切です。必要な検査や治療計画については、患者さんの話が終わってから始めます。

Point 03
患者さんが話しやすい雰囲気のつくりかた

患者さんの個性は多様ですから、話し始めるタイミングや不安、抱えている事情なども、初診時にはわかりません。話すのが好きな人もいればそうでない人もいます。毎回、どうすれば目の前の患者さんに心を開いてもらえるのか、満足して帰っていただけるのかに集中をして面談をしています。

できるだけ患者さんにとって話しやすい雰囲気をつくるために、当院では次のような流れで患者さんと面談をしています。

（1）最初はオープンクエスチョンで自由に話してもらう

入室して最初の2分程度は、「今日はどうされましたか？」というオープンクエスチョンをして、患者さんのペースで話をしてもらっています。話の途中で話をまとめられない方や言葉に詰まってしまう方もいます。そういったときはこちらから「先ほどおっしゃったことは、こういう意味ですか？」などと助け船を出すこともありますが、なるべく患者さんのペースで話していただけるよう待ちます。話の主導権は基本的に患者さんに持ってもらうようにしています。

（2）不安に対して共感する

次に、患者さんがお話しされた内容と私の理解が合っているかを確認するために要約して確認します。その際に、「不安でしたね」「よくこれまで頑張ってきましたね」と患者さんの気持ちや感情に対するコメントを添えます。患者さんの気持ちや感情に寄り添うことで、患者さんの味方であることを伝えるようにしています。

（３）クローズドクエスチョンで医療情報を収集

先ほどのオープンクエスチョンで、患者さんの気持ちや大まかな症状などを把握した後は、必要な医療情報を集めるためにクローズドクエスチョンを重ねていきます。どのような症状があるかを細かく確認して、病状を把握したうえで、必要な検査などを考えていきます。

ただ、クローズドクエスチョンを事務的に行っていると、患者さんが不安になったり、質問の意味がわからず置いてきぼりになったりするため、途中で「○○のような状況が続いている、という認識で合っていますか？」「確かにそれは大変でしたよね」などと、患者さんの理解を確認したり、ねぎらったりする対話を挟むようにしています。

（４）各種検査を行い、患者さんの話と照合しながら結果を説明

検査の結果説明時は、まず診察室に入ってきた段階で「おつかれさまでした」とねぎらうことから始めます。その後、主な検査項目はどのような数値が正常であるかを伝えながら、患者さんが話していた症状がどの検査結果に反映されているかを伝えます。「このような症状でしたよね？」と患者さ

んが訴えていたことをリピートしてこちらの理解度を示し、検査項目の説明を理解してくれているかどうかは「〇〇の症状がこの数値に表れていますね？」と症状と連動させながら、確認をしていきます。

話しやすい雰囲気をつくるポイントは、常に患者さんに対して「私はあなたの味方です」というこちらの姿勢が伝わるフレーズを添えることと、随時患者さんが理解しているかを確認して、患者さんがコメントをするタイミングを意図的に複数回つくることです。単発ではなく複数回積み重ねることで、患者さんは診察室で話すことへの抵抗感が少なくなっていくからです。そして、話しやすくなることで、「ここなら話を聞いてくれる」と感じてもらえるようになり、再診率向上にもつながります。

とはいえ、この方法は、患者さんが少ない日にはできるだろうけど、多くなってくると難しいのではないかと想像している方もいるかもしれません。その通りです。しかし、患者さんが増えたからといって、単純に手を抜いてしまうと「あの先生は親切だったのに、繁盛してから変わってしまった」「昔は本当に良い先生だったが、もう行きたくない」と患者さんが離れていってしまいます。そうならないために、当院が工夫していることがあります。

Point 04

患者さんが増えても満足度を下げない工夫

おかげさまで当院も来院者数が増え、患者さん一人あたりの面談時間が限られています。でも、患者さんが増えたからといって、面談時間をむやみやたらに省略してしまうと、患者さんの不満足度が高まり、再診率は低下していくでしょう。

正解はないのかもしれませんが、試行錯誤をしながら現時点での最適解である、当院の工夫をご紹介しようと思います。

(1) 初診の患者さんは時間を度外視してどれだけ忙しくても話を聞く

時短テクニックでもあるかと思った方には申し訳ありません。初診の患者さんには、これまで通り、時間をかけています。

初対面では、第一印象をいかによいものにしておくかが、その後の信頼関係の構築において大きな影響を及ぼします。一度抱いた第一印象はなかなか覆らず、そもそもここでつまづくと2回目の来院にはつながりません。どれだけ忙しくても最初が肝心ですから、初診には時間をかけています。そうすることで2回目以降の話がスムーズに進みます。

医療機関の診察を揶揄する言葉に「3分診療」というものがありますが、これは時間の使い方の問題だと私は考えています。1回あたりの診察が3分間と考えず、5回の診察で一人の患者さんにかけられる時間を合計15分と考えています。ですから、初診時など必要な時はしっかり時間をとり、それ以外の診察では3分よりも短い時間で終えます。メリハリをつけることで、患者さんとの信頼関係に悪影響が出ないようにしています。

(2) 次回の検査内容や方法を書いた用紙を渡す

患者さんの不安を解消する方法のひとつが、「検査や治療の見通しを立てる」ことだと私は考えています。初診でじっくりと話をして、次回は検査だとわかっていても、「どのような方法で」「どのくらいの所要時間なのか」「検査による痛みはあるのか」「何種類くらいの検査があるのか」「その検査を終えたら以後の検査はないのか」など次回来院してみないと何をするかわからない状態では、不安は残ったままです。ですから、当院では、次に来院したときに何をするのかをお話するようにしています。

診察室で説明をしただけだと忘れてしまったり、ご家族に説明するときに困ったりするかもしれないと考え、検査の必要性や方法などを書いた用紙をお渡しして診察室を出ていただくようにしています。用紙をお渡しすることで、次回の来院予約を必ずとって帰っていただけるので、再診が確定します。また、説明も最小限にすることができるので時短にもつながります。ちょっとしたことですが、こうすることによって患者さんの不安を少しでも軽くすることができ、かつ、診察時間を短縮することにもつながります。

また、用紙を渡したことで、次回、患者さんは検査への心構えができた状態で来院されるため、受付後、すぐに検査にご案内できます。次回来院時の時間短縮にもつながっているのです。

（3）診察室の外でスタッフがフォローアップ

患者さん一人当たりの診察時間が短いと、医師だけでは疑問や不安を払拭できないこともあります。

そんな事態に備えて、当院では、受付や診察補助についていないフリースタッフを1人配置して、診察室から出る患者さんの様子を観察しています。不安そうだったり、納得していなかったりする様子が垣間見えた場合は、スタッフが会計待ちの時間を利用して声をかけるようにしています。

「なにかわからないことはありませんか？」「私から医師に確認したほうがいいことはありますか？」など、笑顔で話しかけることで、診察室ではフォローできなかった患者さんをフォローすることができるからです。

多くの患者さんは、スタッフのフォローによって安心してくださいますので、私が下げそうになった患者さんの満足度をスタッフが引き上げてくれています。また、患者さんが抱いていた不安や疑問が、診療においても重要なポイントになるような場合は、すぐに報告してもらい、次回診察時に追加で説明したり、急いだほうがいい場合は電話でフォローアップをしたりしています。

さらに、稀ですが、緊急性のある重大な伝え忘れなどがあることが判明した場合は、再び診察室に入ってもらい患者さんに直接説明をすることもあります。

開院直後は、スタッフも通常業務をするだけで精一杯でしたが、慣れてくると、スタッフも患者さんの顔を覚えており、ちょっとした表情の変化をキャッチできるようになっていきます。なかには、入口を入ってきたときの様子の変化に気づき、診察室に入る前に悩みをお聞きしたり、体調の変化を聞き取ったりするケースもあります。診察室外との連携をすることで、効率的な診療にもつなげています。

ちなみに、これは強くおすすめしませんが、私は少し時間がある時には、患者さんが以前話していた雑談の続きを聞かせてもらったり、趣味について「まだ続けていますか？」などと話を促したりすることがあります。診察時間を長引かせて時間調整をしているわけではありません。混雑しているときは、なかなか時間がとれないため、とれるときには余計な話もさせていただき、信頼関係を強化したいと考えているからです。

診療に関係のない話をしてもメリットはないと考える医師もいらっしゃるかもしれませんが、患者さんは「自分が忘れていたことまで覚えていてくれた」「病気に関係のない話もできて、親しみやすい」と思ってくださる場合も多いものです。そして、「話しやすいから、あの診療所には行ってもいいかな」と思ってもらうことにつながります。

また、余裕のあるときにコミュニケーションをとっておくことで、混んでいるときは「今日は混んでいてごめんなさい、また今度続きを聞かせてくださいね」と診察時間を切り上げるなど、時間の調整がしやすくなるメリットがあると感じています。

Point
05
疾患や治療法の説明は心に響かない。大切なのは「なぜあなたにとってこれが必要か」

2回目以降の来院では、診察室で医師が説明することといえば、検査結果をもとに患者さんがどんな病気が疑われるかということと、治療法の説明です。追加で検査が必要になれば検査方法の説明をして、必要なければ経過観察について説明をすることになります。

しかし、単なる説明で終わっては、患者さんが3回目も当院に来てくれるかはわかりません。

というのも、疾患名や治療法については、患者さん（高齢患者さんの場合はご家族）が事前にインターネットで調べていることも多く、一般的な説明はすでに知っていることも多いからです。だからといって、ここを省略するわけにはいきませんが、最小限にとどめても問題ないと私は考えています。

そして、注力するのは、この患者さんの症状から見えてくるちょっとしたサインの説明です。インターネットでの情報は、あくまでも一般的な情報であり、目の前の患者さんの状態が書かれているわけではありません。インターネットの情報でわかったつもりになっていては、患者さん自身もご自分の病状について正しく理解できているとは言えません。

ですので、私はできるだけ、「あなたの症状の場合は○○」「一般的には○○ですが、あなたの場合は」などと強調して説明をするようにしています。自分にとって必要な情報だと認識すれば、患者さんはこちらの話をしっかりと聞く姿勢をとってくれます。

また、「あなたの場合は」という言葉を使うことで、私自身も、「目の前の患者さんをしっかりと診る」ことに意識を向けることができます。同じような症状の人も、しっかりと診ると、それぞれ状態が異なったり、少し気になる部分が出てきたりすることもあります。

ちょっとした病変を見逃さないためにも、双方にとってこの表現は有効だと感じています。

ここで、当院に通い続けてくださっている患者さんの診察例をご紹介しましょう。

ケース1　「あなたの場合は」を追求した結果、早期発見ができた

他院で長年血圧の治療を受けていたAさん。当時のかかりつけ医では、薬をもらっているだけで代わり映えせず、ふとした症状を伝えても反応が薄いため、試しに行ってみようと当院を受診されまし

た。ふとした症状というのは、毎年冬に数回胸苦しいことがあるということで普段は無症状でした。

受診時は夏場で血圧の数値を確認すると120〜130／70〜80㎜Hgとコントロール状態は良好です。普段は無症状で運動習慣もある方でした。念のため心エコー検査を行うと、一部に壁運動異常をわずかに認めたため運動負荷心電図を施行しました。すると心電図の変化が見られ、その際に胸部症状が誘発できました。

病院で冠動脈造影検査をしてもらうと、前下行枝が90％狭窄でステント留置をしてもらいました。現在は後遺症もなく冬場の症状もなくお元気にされています。

ついつい、血圧治療を漫然と行っているとこのように知らない間に心臓や血管が痛んでしまっているケースもあります。患者さんの話に真摯に耳を傾け、「この患者さんの場合は」と診察をすることが大切だと再認識した症例でした。

ケース2 「あなたの場合は」を追求した結果、手術ができた

心電図異常を毎年指摘され痺れをきらして受診してくださったBさん。

元々20年前の健診で、高コレステロール血症を指摘されており、それ以来コレステロールを下げる薬を飲まれていた方でした。無症状でしたが、3年前から健診で心電図異常を指摘され、かかりつけ医に相談し心電図をとるのですが納得いく説明がないまま「大丈夫」の一言で片付けられていました。

近くに新たに循環器内科ができたということで、当院はお試し受診でした。

早速検査したところ心電図はT波がやや低下し、一部陰転化していました。確かに無症状でこの程度の心電図なら様子見としてしまう気持ちもわかりましたが、念のため心エコーをすると軽度の左室収縮率低下及び心拡大を認めました。

病院に紹介した結果、左室前下行枝90％狭窄を含む三枝病変で冠動脈バイパス手術を受けることになりました。

Bさんはコレステロールの薬が20年間一度も変わっておらず、コレステロールの数値もあまり改善されない状態が続いていたようでした。知らない間に徐々に血管が痛み、その結果、心臓の壁の動きが悪くなり、心電図変化だけ出ていたようです。

このように、「あなたにとって」を追求するために、私は診療で得た情報のほか、想像力を働かせて「仮想患者」像を設定しています。患者さんの情報をふくらませることにより、信頼関係を早く築くためです。その手法については、経営情報になりますので、今回この本を購入してくださった方に特別に公開させていただきます。興味のある方は、是非こちらのＱＲコードを読みとり、特典情報を入手してください。

Point 06

未来の話が患者さんの心を動かす

さて、先ほどのＱＲコードから読み取っていただいた仮想患者設定を行えば、ある程度患者さんの背景や内に秘めた感情について想像しやすくなったと思います。もちろん、患者さんを実際診察していくなかで、作成した推測の部分については診察時に追加質問をしたり、様子を観察したりして、随時ブラッシュアップし、精度を高めていく必要があります。

仮想患者設定をしていれば、患者さんの不安を軽減するような言葉をかけたり、情報を提供したりしやすくなります。医療の観点からみれば、患者さんが求めている情報や欲している言葉を医師がかけることで、治療に対する気持ちが前向きになり、その分早く治療を進めることができます。医師がかけた言葉が的外れでなければ、患者さんにとっては疑問が解消したり、不安が軽減したりして、安心して過ごせる時間が増えるでしょう。また、医師である私にとっても、言葉をかけてみて納得してもらえれば治療を進めやすくなります。納得してもらえないようなら、他にかけるべき言葉や提供すべき情報がないか再考することができます。

そして、患者さんにさらに安心していただくためには、仮想患者設定を踏まえたうえでその患者さんの未来の話をすることが大切になります。

患者さんは、というより、すべての人間は、ご自身の未来が明るいものであるという話を聞きたいものです。病気を持っていても、手術をしなければならなくても、薬を飲まなければいけなくても、症状が決してよくなくても、暗い未来が待っているとは思いたくないのが人間です。

医師から見れば、すべての患者さんの未来が健康面で明るく見えるわけではないでしょう。それでも、「薬を飲んでコントロールしていれば」「手術がうまくいけば」「症状が悪化しても〇〇をすれば」など条件をつけて、転ばぬ先の杖となる情報を提供することはできるはずです。

Point 07 アウトカムが継続治療のモチベーションを上げる

さてここまで患者さんとの話術での信頼性を高める方法を伝えてきました。

しかしどの世界でも共通で、医療にも「論より証拠」という側面があります。どれだけ親身で良い先生であっても、治療成果が出ないと、患者さんは通院しなくなります。

病院であれば、「カテーテル手術で急性心筋梗塞の状態から生還した」「手術が成功した」などが明確なアウトカムになりますが、慢性疾患が多い診療科はアウトカムを実感してもらいにくいという側面があります。ですから、来院時の血圧はもちろん、検査をしたときは前回検査からの変化が少しでもある項目は、アウトカムとして逐一患者さんに情報共有することをおすすめします。

一般的な正常数値の範囲内であっても、異常値であったとしても、慢性疾患をお持ちの患者さんは、その人ごとに目標値が違います。まずは患者さん一人ひとりに個別で目標値を設定し、その根拠を説明します。そのうえで、検査ごとに少しでも数値に変化があれば情報共有し、変化が見えてきたことを一緒に喜んだり、変化がなければ次の検査では変化が見えるような方法を提案したりすることが、患者さんがアウトカムを実感する第一歩になります。検査結果を渡すときには、患者さんにとってわかりやすいように前回値の比較をつけると良いでしょう。

とはいえ、当院に通い続けてくださるものの、なかには治療意欲がない患者さんもいます。特に多いのが会社の規定で受けた健診で異常を指摘された方です。会社の指示に従って通院はしているもののご自身は特に困っておらず、「とにかく診察を早く終わらせたい」という態度で仕方なく通院されている様子です。

治療に限らず、何事もそうですが、意欲がない人にアウトカムはついてきません。当院に通っていただいている以上は、何かしらの指導や服薬、治療などを進めるわけですが、患者さんに意欲がないので、継続通院していただいて検査結果を見比べてもアウトカムが出てきません。にもかかわらず、患者さんは「早く通院を終わらせてほしい」というニーズをお持ちなので、徐々に不機嫌になっていきます。

こうした患者さんに、健康診断データは他人事ではなく自分事であることを理解していただこうと、当院ではホームページ上に「健康クイズ」と題して「健診で異常が見つかったとき、やってはいけないことはどれ？」という疑問に答えたり、「内科疾患別お悩みQ＆A」と題してよく聞かれる疑問に答えたり、漫画を作成して読みやすくしたりといった工夫をしています。

それらはすべて患者さんがご自身の体について当事者意識を持てるように、健診や検査のアウトカムについてイメージを持てるようにするためです。

実際に当院で活用している漫画の一部をご紹介しましょう。

また健診で血圧が高かった…
ふーーん
けど困ってないし仕事も忙しいしまいっか！
ちょっと待ったーー!!
そのままほっていたら大変なことになるかもしれません！
血管が傷んでしまって脳梗塞や心筋梗塞になってしまうかも!!
えーー!!
困ってないのに薬を飲むのもいやだし
今は血管が実際に傷んでいるかどうかエコーや専門の機械で調べられるので
いらない薬は使わないですし必要最小限の薬を選べますよ！
検査後
これなら薬はいらないですね！
安心したわ
ホッ
相談してよかった！

Point 08

患者さんを育てる「ほめ育」のすすめ

検査結果の変化は、共有するだけではなく、「こんなに変化が出ましたね！」と大げさなくらい、ほめながら共有することも大切にしていることのひとつです。

患者さんの生活を24時間パトロールすることはできませんから、実際は、もしかしたら、それほど努力をせず、偶然にも検査結果だけがよかったという方もいらっしゃるかもしれません。もちろん、頑張って努力をして、食生活や運動を見直したり、服薬管理をしたりして、当然のように結果が出た方もいると思います。そのどちらであっても、検査結果が少しでもよくなっていれば、患者さんにとっては治療を継続しようとするモチベーションアップになりますから、検査結果を解説して共有しながら、患者さんと一緒に喜ぶようにしています。

慢性疾患は、長く付き合っていかねばならない病気です。検査は1回で終わるわけではありませんから、「次も頑張ろう」「もう少し頑張ってみよう」と継続して思ってもらうことが大切です。たとえ数値が1だけ変化していたとしても、それを積み重ねれば大きな改善につながっていきます。目標値には届かなくても、小さな積み重ねを続けていけば、その先には明るい未来があるかもしれないことを伝え続けます。

子ども時代は、できることが増えるたびにほめられることが多いものですが、大人になると「ほめられる」経験はあまりないのではないでしょうか。だからだと思うのですが、高齢の患者さんも、年下の私が検査結果を見て「頑張りましたね」と伝えると、「ほめられた」とうれしそうな表情をされます。

こうして、検査結果がよかったことを積み重ねていくことで、患者さん自身が検査結果を楽しみにするようになったり、気にするようになったりするようになります。どんな生活をしていたら数値が改善されたり、悪化したりするのかをご自身でも把握するようになれば、私は陰ながらガッツポーズをします。

患者さん自身がご自分の生活や体の変化に気を配るようになり、病気を他人事ではなく自分事としてとらえるようになるからです。患者さん自身が体の変化に気づくことができれば、症状が悪化したときも、早めに悪化のサインをとらえることができます。

患者さんをほめることは、患者さんのセルフケア意識を育てることにつながっているのです。

Point 09

論理思考がすべてではない！　医師がやりがちな診察室でのタブー

さて患者さんとこうやって診察室で関係性ができてくると、診療所の再診率は順調に上昇してきます。時間をかけて大切に育ててきた患者さんとの信頼関係ですが、一瞬で台無しになることもあるので、経営が順調になればなるほど気を付けたいことがあります。

それは、患者さんの言葉や努力を否定するような言葉をかけない、ということです。

患者さんとの距離が近くなると、つい本音が出てしまったり、軽口のつもりで否定をしたりしたくなることもあるかもしれません。たとえ冗談だとしても、患者さんとの会話には細心の注意が必要です。どれだけ親しくなっても、医師と患者さんの間には、埋めがたい知識量の違いがあります。患者さんの感情や生活を１００％理解できるわけではありません。

検査結果をほめて信頼関係を強化していても、患者さんを否定するような言葉をかけたら、一瞬でその信頼関係は壊れます。信頼を築くのに時間がかかるのに、損なうのはあっという間です。

患者さんが論理的に矛盾していることを言っても、医学的に根拠のないデマのような情報を信じていたとしても、「あなたは、そう思うのですね。心配になったのですね」と、患者さんは私とは違ってそう感じたのだ、というスタンスでとらえるようにすることが大切です。

頭ごなしに否定をされず、いったん受け止めてもらったことで、患者さんの気持ちが落ち着くことは多々あります。「なぜ、あんな突拍子もないことを言い始めたのだろう」と観察していくと、実は別の不安が隠れていることもあります。

例えば、当院にいらっしゃった患者さんが突然「薬をやめたい」と言い出したことがありました。これまで高血圧のコントロールをするために当院に通ってくださっている方で、強張った表情を見たのは初めてだったので驚きました。なぜ、そんなことを言うのだろうと、その方の話を聞き続けていると、娘さんがサプリメントにはまっていて、先日「サプリメントではなく、薬を飲んでいる人は頭が悪い」と母親を馬鹿にするような発言をぶつけられたことがわかりました。「サプリメントのほうが効果があるのではないか」「娘の言うことが正しいのではないか」という不安が隠れていたのです。それに、娘さんからの言葉や態度に深く傷ついたのだと思います。

医師としては、サプリメントに薬ほどの効果がないことはよくわかっています。それでも、患者さんとの信頼関係を壊したくないので、娘さんの発言を全面的に即否定するわけにはいきません。

そこで、「そのサプリメントは効果がないかもしれませんが、一度試してみて、一緒に効果を測定してみましょうか」と提案しました。3カ月間、サプリメントを試してもらいましたが、案の定、効果はありませんでした。全く血圧が下がらないどころか上昇することを確認し、薬の再開をする際は、娘さんにもその検証結果を見せて納得してもらい、服薬を再開しました。その時は、患者さんが少し誇らしげに娘さんに接しており、患者さんの不安解消にひと役買えたと感じました。

このように患者さんを否定しないで話を聞いていると、信頼関係は損なわれません。のちに事情がわかったり、興奮が収まったりして、そのうち会話がスムーズになってくると、患者さんの認識を軌道修正することはいくらでも可能です。通院時に患者さんの精神状態が良いときばかりではないので、何があっても否定しないことは肝に銘じています。当院で勤務してくださる勤務医の先生方にも、「患者さんを否定しない」ということは、重ね重ね伝えています。

原則3

再診率が上がる
開業地を選ぶ

Point 01

無策の都心部の開業は9割失敗する

開業後、患者さんとの信頼関係を築き、再診してもらうために、私が特に大切にしているのは、ここまで述べた医療面談です。

しかし、開業するまでは、開業地選びがとても大切になります。

世の中には開業コンサルタントがたくさんいますし、医療機器メーカーや薬局、広告会社などにも開業支援サービスはあります。そこから不動産会社を紹介してもらい、「テナントを紹介してほしい」と伝えれば、医療モールからビルのテナント、駅前から住宅地まで、幅広い開業候補地が見つかります。「駅前の一等地なら、患者さんからの認知度がすぐ上がるので経営面では安心」だとか、「幹線道路上のほうが視認性は高い」とか、「医療モールなら入居診療所同士がお互い患者さんを紹介しあうシナジー効果がある」とか、いろんな人がいろいろなことを言います。でも、不動産会社が言うことを鵜呑みにしてはいけません。

確かに「視認性が良い立地は患者さんを集めやすい」というのは事実です。しかし、それは「自院しかなければ」という条件付きです。

実際、視認性が良い場所、アクセスが良い立地であればあるほど、競合がひしめき合います。立地が良くても、他院と患者さんを取り合うことになる可能性が高くなります。競争が多くテナントの賃料も高いエリアで、どこまで集患を伸ばせるのかという課題が常につきまとうのですから、慎重に考えなければなりません。開業候補地選びは、冷静になり、不動産会社の言うことをいったん脇に置いて、「この場所が自分にとってベストかどうか」を考えることが必要です。

当院は、先に述べたように、駅から離れた住宅地にあります。この立地で開業すると言うと、文字通り「全ての人」に反対されました。しかし、私自身からすると「これ以上の好立地はない」とその当時確信を持っていました。

どのように好立地と判断したのか。これからご説明したいと思います。

Point 02

診療圏調査は嘘だらけ

開業を考え始めた途端、身近になる言葉のひとつに「診療圏調査」があります。多くの開業医は、開業支援をするコンサルタントから候補地を紹介されて、それ以降の開業にまつわるもろもろの業務のサポートを受けています。開業コンサルタントは、これまで何件もの診療所開業をサポートしてきていますから、ある意味、全面的に任せていても開業をすることは可能です。

しかし、全面的に任せて、何千万円もの借金を背負う決断をする、というのは勇気がいります。勇気がいるからこそ、私自身は自分でいろいろと調べていたわけですが、それでも、決断をするとなると、医療以外の知識がなかったことを痛感しました。

診療圏調査は、ある意味、そんな不安を解消できる数字として認識されています。開業候補地を中心として500M、1km、2km圏内で自分と同じ標榜科目の医院の数を数えます。次に、その範囲の人口を算出します。診療科目ごとに人口数がわかれば、その範囲での大体の1日の診療患者数が割り出せるので、その数を競合医院＋自院の数で割るというものです。

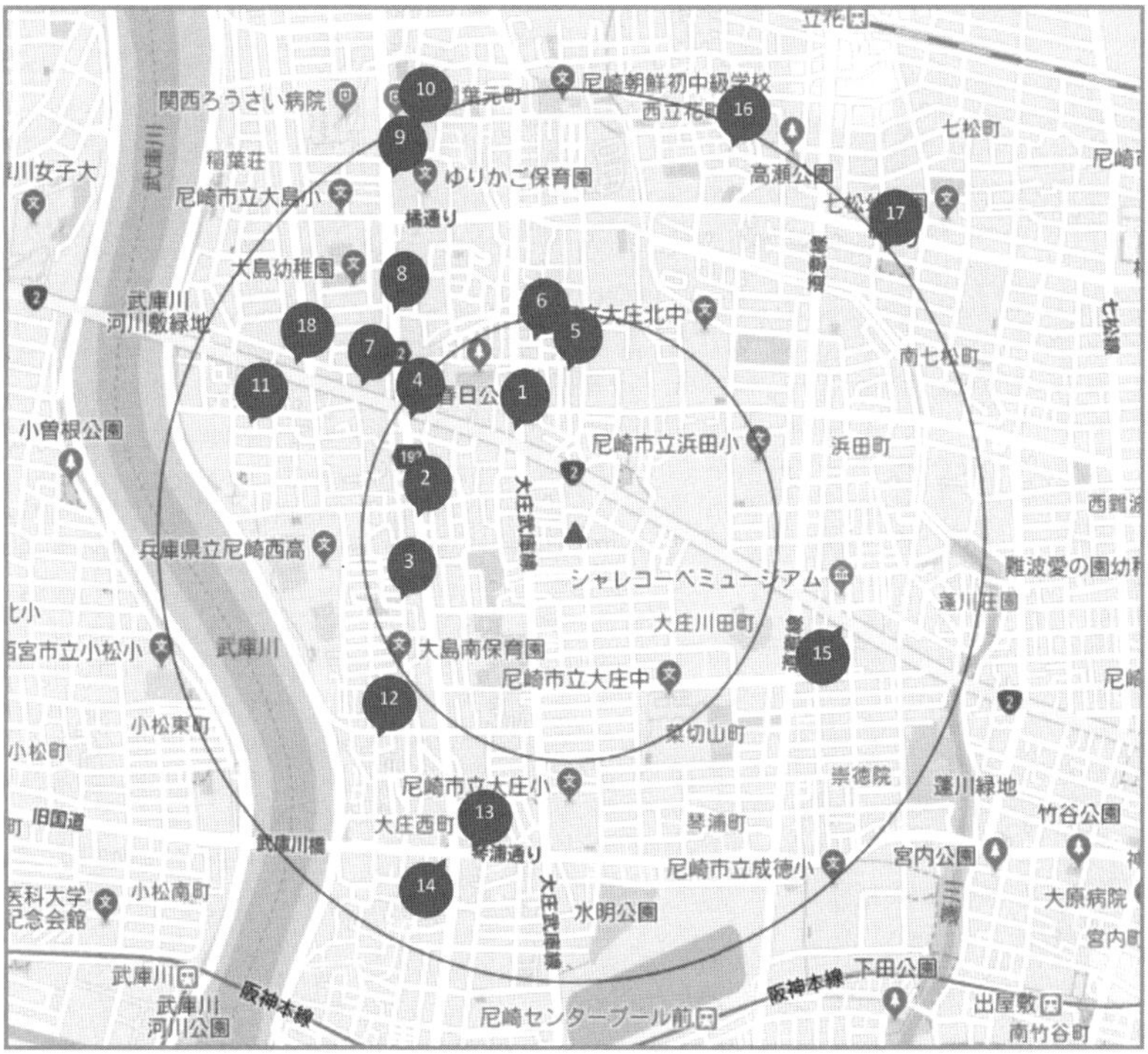

当時の当院の診療圏調査図（数字は競合を表示しています）

最近では、日経メディカルが、開業医向けに無料で1日に数回は診療圏調査をしてくれるサイトを出しています。開業を考えているなら、是非一度、現段階での候補地エリアで診断してみてください。

診断結果が良い数字であれば、「良い立地」という理屈です。これで良い立地がわかるのであれば、誰も開業を失敗しませんね。

ちなみに私の医院は診療圏調査で、「1日の患者数は26人」という結果でした。現在、1日あたりの平均来院者数は140人くらいですし、多い時では

180人ほどいらっしゃいます。

そうです。実際の数字とはギャップがあるのが診療圏調査です。

なぜこんなにもギャップが生まれるのでしょうか。それは、診療圏調査のように、人間は円形に動いている訳ではないからです。実際、人間が移動をするとき、線路や河川、中央分離帯があるような広い幹線道路などで往来が遮断されたり、遠回りを余儀なくされたり、抜け道を利用したりするなどといったことがよく起こります。また、地図を見ただけではわからない傾斜や坂道がある地域では、自転車や徒歩での移動はほとんど期待できません。エリアによっては、自動車より徒歩や自転車での移動が多く、幹線道路沿いは不利になることだってあります。地図と人口数だけで判断するには限界があるのです。

開業コンサルタントのなかには、「コンビニの出店は人の移動を踏まえて計算されているので、コンビニの跡地に開業すればよい」などという人もいますが、果たしてそれは本当でしょうか。

Point 03
医院はコンビニではない

開業地を選ぶとき、「コンビニの出店モデルを参考にすればよい」というアドバイスはよく聞かれますので、診療所とコンビニを比較してみたいと思います。

まずは、質問です。コンビニに行くとき、どの店舗に行くかをどのように決めていますか？　「セブン‐イレブンが好きだから、目の前にローソンがあるけど、１km先のセブン‐イレブンまで行こう」という決断をするでしょうか？　多くの人は、近いほうの店舗（ローソン）を選ぶのではないでしょうか。

一方、診療所はどのように選ばれているのでしょう。コンビニのように「近いから」という理由だけで選ばれているわけではありません。目の前に診療所があったとしても、評判が悪ければ敬遠します。病気についての相談をしに行くため、多少、距離が離れていたとしても、評判のよい診療所や病院を探すという患者さんのほうが多いでしょう。

続いて、商品やサービスについて考えてみましょう。

コンビニは、店舗の規模にもよりますが、品ぞろえという点ではどこに行っても大差はありません。だいたい同じような商品が置かれていて、置かれている商品ジャンルも他店とほとんど変わりません。

一方、診療所は、医師を筆頭としてスタッフも院内の雰囲気も、診療領域も院によって異なります。つまり、どこに行くかで、受けられる医療も接遇などのサービスも大きく変わります。

いつ、どこに行っても、だいたい同じようなものが手に入る安定経営のコンビニとは違い、診療所はいつ、どこに行くかで何を手に入れられるかという結果が変わります。

そういう意味では、コンビニと比較するよりも、飲食店と比較するほうがしっくりくるかもしれません。ただ、飲食店はいろいろなバリエーションの食事を楽しむために、複数の飲食店を使い分けることも多いですが、診療所はいったんかかりつけ医になると（特に内科の場合は）、使い分けることはできません。通院をやめると、足が遠のいたり、行きづらくなったりすることがあるので、やはり飲食店にたとえるのも無理がありそうです。

つまり、コンビニほど利便性が大切ではないが、隠れ家レストランほど交通の便が悪くても通ってくれるわけではないのが診療所です。

では、診療所にとっての「良い立地」はどこになるのでしょうか。

Point 04 「良い立地」は科目によって異なる

診療所にとっての「良い立地」は、診療科目や通院してくれる患者さんのボリュームゾーンによって大きく変わります。

開発中の新興住宅地なども、開業候補地として紹介されることが多いのですが、慢性疾患の内科をオープンするのに「良い立地」ではありません。住宅をどんどん建てているエリアには、子育て世代など比較的若いファミリー層が多いため、慢性疾患の高齢患者さんが増えてくるのは20年以上先になるかもしれません。小児科にとっては「良い立地」かもしれませんが、20年後も「良い立地」であるかどうかはわかりません。

自費診療を中心に展開したいと考える診療所にとっては、高齢者が多かったり、所得が低い世帯が多かったりするエリアは「良い立地」にはなりえません。ただし、所得が高い世帯が多いエリアだったとしても、共働き世帯が多ければ、日中の診療ニーズはぐんと減るため、世帯の内訳を分析しなければ「良い立地」かどうか判断することはできません。

また、泌尿器科や精神科の診療所は、「通院していることを知られたくない」という患者さんが多いかもしれません。ならば、視認性の良い場所ではなく、悪い場所が「良い立地」ということになるでしょう。

このようなことは、冷静に考えればわかることなのですが、いざ、開業地選びを始めると、多くの情報のなかから期限を決めて選択しなくてはならないことが多く、開業コンサルタントの売り文句もまたうなづける部分があることから、ついつい目をつぶって決めてしまいたくなることがあります。

「診療圏調査の結果もよかったし、ここで開業したらうまくいくのではないか」「うまくいく気がする」と自分に言い聞かせて、契約しそうになったことが私自身もあります。

でも、開業地選びは、一度冷静になって「本当にここでよいのか」といったん立ち止まることも大切です。契約をしてしまったら、後戻りはできません。

ここでも、第2章で述べた「仮想患者設定」が大いに役立ちます。

自分が得意とする患者さんはどこにいるのか。どんな場所に住んでいることが多いのか。どんな立地なら来院しやすいのか。実際の患者さんをイメージすることで、自分自身にとって「良い立地」が必ず見つかります。

Point 05 最も重要なのは視認性よりも競合

開業地を選ぶときには「視認性が大切だ」というアドバイスをよく聞きますが、私は視認性よりも競合となる診療所をよく調べることのほうが大切だと思います。

「視認性が大切」や「診療圏調査の結果がよいこと」などのアドバイスに従って開業すると、狭いエリアで開業医同士がどんぐりの背比べのような状態になっている状態をよく見かけます。仮にどれだけ素晴らしい診療所があっても、患者さんにとってみれば「数ある診療所のうちのひとつ」に見えるため、他院との差別化が図りづらかったり、「他も見てみよう」とドクターショッピングのような状況になって再診につながらなかったり、横並びに見えてかえって視認性が悪くなったりすることがよくあります。

どんぐりのひとつにならないためには、他院との違いをはっきりさせるとともに、他院では受けられない診療が受けられると患者さんに認識してもらうことが大切です。そのためにも、競合となる診療所が何を売りにして、どんな診療を行い、どんな診療所をつくっているのかを調べることが大切なのです。そして、「地域ナンバー1」を目指して開業することが大切です。

新型コロナウイルスが流行し始めて緊急事態宣言が発令されたときでも、患者さんから支持されている診療所は外来患者数が大きく減りませんでした。地域で最も支持されている診療所の患者数は減りませんでしたが、支持率が2位以下の診療所では大きく減りました。それは、これまで支持率1位の診療所の待ち時間が長すぎるが故に2位以下の診療所に仕方なく通っていた患者さんが、コロナ禍で待ち時間が減った1位の診療所に鞍替えしたことも理由のひとつだと言われています。

地域ナンバー1の診療所も、既存の患者数が減っていたにもかかわらず、これまで他院にかかっていた患者さんがコロナによって多く来院したことによって、外来患者数そのものは減らなかったという状況になったのです。

つまり、開業地選びで最優先すべきなのは、その地域でナンバー1になれる状況をつくることができるのか、という点です。何をもってナンバー1というのかは意見が分かれるところですが、「このあたりの内科といえば、しぎょう循環器内科」と言われるようになること、「家族に紹介するなら、しぎょう循環器内科」と言われるようになること、そして患者さんが途切れない診療所になることが、「地域ナンバー1」になることだと私は定義しています。

競合となる診療所に「勝てる」と思える候補地を探す。これが、「良い立地」選びの最終ゴールです。

もちろん、開業時点でナンバー1になれたとしても、その後、競合クリニックが近隣にできる可能性もあります。常に、「地域ナンバー1であり続ける」ための経営改善は必須です。「開業医は楽だ」というのは、もはや神話になりつつあります。

Point 06

競合の評価は自分でするな

では、地域でナンバー1になれるかどうかを、どのように判断すればよいでしょうか。実はこれが難しいのですが、医師の目線では正しい評価はできません。医師は、提供している医療の質や検査内容、出身大学やキャリアを見て判断しがちですが、患者さんはそのような視点で診療所を評価していません。患者さんとは違う判断軸で「競合に勝てる」と判断して開業したものの、患者さんからの競合診療所への支持率はものすごく高く、なかなか勝てないということがよくあります。

ですから、開業地をある程度絞り込んだ後は、直接、患者さんに聞くのです。私は開業を志した場所の周辺を歩き回って、患者さん候補になりそうな年齢層の人をつかまえて、よく質問をしていました。

「今度祖母がこちらに越してくるのですが、どこか良い内科医院はありますか？」

また実際競合医院から出てくる患者さんに、「今度祖母がこちらに越してくるのですが、ここの医院はおすすめですか？」と素朴な疑問をぶつけました。

患者さんが大絶賛したり、歩行している人がすすめたりしてくる診療所は間違いなく強いです。歩行者30人くらい、各競合医院の前で20人くらいに尋ねれば概ねの傾向がつかめます。それによって地域でのそれぞれの医院の人気度を推察します。

続いて厚生労働省のホームページから各医院が申告している1日患者数を確認します。非公表の医院もありますが、だいたいの医院は公表しています。ご自分の手ごたえと患者数を見比べてさらに医院の人気度を推察します。

また、開業前に、自分自身が医師としてどの程度の戦闘力を備えているかも確認しておきたいところです。病院で勤務医をしているとわかりづらいので、開業医のところで一定期間、決まった曜日や時間帯に外来診療を担当してみるのがおすすめです。

開業医は、院長が看板です。そこで外来を担当しても、当然院長以外の外来は人気が出にくいものです。にもかかわらず、自分の外来を継続通院してくれる患者さんが一定数いる、または徐々に患者数が増えてきたという場合は、開業するだけの戦闘力を備えていると考えてよいということです。

自分自身の「できるはず」という根拠のない自信ではなく、患者さんの口コミや客観的な数字から、競合に勝てるかどうかを分析していくことが開業地を決める段階では重要になります。

原則4

患者さんに「また来たい」と思われる環境をつくる

Point 01

患者さんの不安を軽くするスタッフを育てる

「医師が患者さんとの医療面談に力を入れ、開業地を慎重に選んだら、開業はほぼ成功する」と、言い切れないのが診療所経営の難しいところです。医師は基本的に診察室にいますが、診療所のなかで診察室は一部にすぎません。受付や会計を担当するスタッフ、処置を行う看護師、検査技師などの対応が悪ければ、いくら医師が頑張っても、患者さんから支持される診療所にはなりえません。

ネット掲示板の口コミでよく見かけるのは、「先生は親切なのに、受付のスタッフが高圧的すぎて二度と行きたくありません」「電話で診療について問い合わせたら、きちんと話を聞いてもらえず、声が聞き取りづらいからと一方的に電話を切られた」など、スタッフの印象が悪くて診療所の評価が下がっているケースです。

私がよく行く耳鼻科でも、スタッフはパソコンを見ながら、片手で保険証を受け取ったり、返却したりしています。空いているので診察が早く、医師の診察は的確なので、すぐに症状は軽くなります。私にとっては都合のいい診療所ではあるのですが、スタッフがこのような対応だから空いているのかもしれません。経営的には、なかなか厳しいのではないかと推察してしまいます。

このように、医師が診察室にいる間にも、電話がかかってきたり、受付や会計を行ったり、院内では患者さんへの対応が行われています。医師がそのすべてを監視することは難しいので、スタッフに任せなければなりませんが、このような対応をされると、患者さんは離れていきます。反対に、スタッフが患者さんに寄り添った対応ができれば、診療所の評価は上がるということです。

患者さんに最初に出会うのは、医師ではなく受付スタッフです。受付スタッフの第一印象を決めるのは、なんといっても、その言動ですから、当院では、想像力を発揮して患者さんに対応してもらえるような研修を設けています。患者さんの気持ちをどのようにしたくて、どう行動すればそれが達成できるのかをスタッフ自身に考えてもらうためです。

（研修例1）受付での様子を想像し、対応目的や行動を考える

患者さんの背景：不安な気持ちで来院された

対応目的：「来てよかった」「この医院はよさそう」と思ってもらいたい

スタッフができる行動：

「明るい声であいさつをして立ち上がり、受付で目線を合わせる」
「両手で診察券を受け取り、笑顔で挨拶をする」
「心配なことがありますか、と声をかける」
「医師に伝えておくべきことがあればお聞きします、と声をかけてみる」
「患者さんが不安な気持ちを吐露したときは、『それはご不安ですね』と共感し、自分で対応できるものは対応する」
「カウンターから出て、患者さんが早く座って落ち着けるよう案内する」
「待ち時間が発生しそうな時はあらかじめ伝えておく」
「寒そうな患者さんにはブランケットをお渡しする」

（研修例２）血液検査での心情を想像し、対応目的や行動を考える

患者さんの背景：痛くないか、痕がのこらないか不安。そもそもこの検査は本当に必要なのかどうかを疑っている人もいる

対応目的：なるべく痛くない状態で受けられるよう配慮する。納得して検査を受けてほしい。

スタッフができる行動：

「明るく挨拶をしてから、検査について説明する」

「検査の必要性に納得してない場合は、処置前に医師に報告する。必要に応じて、医師に再度説明してもらう」

「痕が残る可能性は伝えるが、時間の経過とともに消えていくことを伝える」

「なるべく痛くないよう努力することを伝え、針のさし方はなるべく表皮をすぐに通るようにする」

「血管が出にくい患者さんには、腕を温めたり事前準備を（準備についても理由を説明する）行う」

「全ての処置は、患者さんご自身の状態を知って、よりよい治療につなげるために行っていることを伝える」

「早くよくなるといいですね、とお声がけをする」

こうやって患者さんのことを考えてスタッフ自身に行動について考えてもらうことで、業務マニュアルにない行動でも即座に患者さん目線で行動できるようになっていきます。

先日、点滴が終わった杖歩行の高齢患者さんが帰ろうとしたものの、想定外に雨が降っていて帰るタイミングを逸していたことがありました。その際、「よろしければ傘をお貸ししましょうか？　それともタクシーをお呼びしましょうか」とスタッフから声をかけて、患者さんがどうしたら無理なく帰宅できそうかを一緒に考えていたことがありました。このように、マニュアルには書ききれない出来事が日々起こります。その都度、スタッフが率先して対応してくれています。

患者さんの不安を取り除くことができるのは、結局、想像力を働かせて、できることはやろうとする姿勢です。反対に、患者さんを不安にさせてしまうのは、想像力がなく、患者さんを気に掛けることができないスタッフです。

Point 02

患者さんを味方につけるスタッフを採用する

スタッフと医師が一丸となって診療所をつくりあげていくと、当然、人気になり患者さんの数が増えてきます。

開業は、ここからが第二ステージです。患者さんの数が増えると待ち時間も増えます。待ち時間が増えるのに比例して、クレームも増えてきます。

しかし、そんな状況でも、患者さんと打ち解けて、待ち時間が長くなってもクレームが発生しないスタッフがいます。普段から患者さんとの会話を大切にしているため、まるで親戚と姪のようなフレンドリーな関係性ができているようです。このような関係性を築くことができると、患者さん側は「今日は混んでいるから仕方ないよね」「こういうときもあるよね」と、待ち時間が少々長くなっても、寛容に待っていてくださるのです。時折隣の患者さんに当院の良いところを伝えてくれたりもしています。その情報がさらなる口コミとなって患者さんを連れてきてくださるという好循環に乗ることができます。

患者さんとの信頼関係を構築できているスタッフを見ていると、「接遇力がある」という一言では到底片づけることができません。いわゆる接遇研修を受けても、ここまで患者さんと信頼関係を築くことができるかというと、はなはだ疑問です。当院のスタッフは、人懐っこく、患者さんの懐に入り込むのが得意なのだと思います。勤務に関しては、とてもまじめで他のスタッフが入れないシフトを埋めてくれたり、仕事以外の時間帯も当院のことを考えて行動してくれたりします。

採用面接のときは、このような人間関係構築力がある人材だと見抜いていたわけではありませんから、私の運がよかったのでしょう。ただ、「誰でもよい」と採用したわけではもちろんありません。これまでに医療事務従事者だったかどうかという経験値を問わず、

・他業種で接客業の経験がある人材
・笑顔で挨拶ができる人材

を採用するようにしていました。医療事務ができても、この2つの条件が揃っていなければ採用はしませんでした。事務は入職後学ぶことができますが、人への接し方を後から身につけるほうが難しいと考えたからです。それが功を奏したのかもしれません。

ちなみに、スタッフの身だしなみについては華美ではなく清潔にしていれば問題ないと考えていま

した。よく面接で「見た目が大事」といって、人柄よりも、見た目を第一優先として採用する診療所がありますが、見た目よりも中身のほうが大切です。著しく不健康そうだったり、華美にしていたりする方でなければ、当院では人柄やコミュニケーション力を重視して採用しています。

また、簡単な適性試験を導入しており、私との相性が悪くないかどうかは確認したうえで採用しています。現在在籍するスタッフとの相性が悪くないかどうかも、確認しています。

Point 03

患者さんがストレスをためないよう待ち時間を減らす

患者さんの不満で最も多いのは、「待ち時間が長い」というものです。病院は待ち時間が長いものだと思っている患者さんは多いですが、診療所はそこまで待ち時間が発生するものだと認識はされていません。「また来たい」と思ってもらえる診療所になるには、待ち時間対策が必須です。

当院の対策は大きく3つあります。

（1）予約制を敷く

原則、時間予約制としています。完全予約制ではないので予約外の患者さんも診察しますが、予約をした方を優先します。そうすることで予約をした方が早く診察に呼ばれるということを患者さんにも認識してもらいます。1時間以上待たされてその間自分より後から来た予約患者が診察室に呼ばれているのを見ると、「次回は予約をしよう」と思うのが人間の心理です。患者さんにとっては、予約をすることによって待ち時間が大幅に減るというメリットがあります。

医療機関にとっては、患者さんが特定の時間帯に集中せず、午後の診察と午前の診察が比較的均一化するため、丁寧に診察ができるというメリットが生まれます。予約を受けることによって患者数を確保できるため、経営上もメリットがあるというわけです。

当院では、予約患者さんは10時00分~10時30分予約の患者さんで10時に来院されていれば10時30分までには必ず診察室に呼ぶようにしています。待ち時間はゼロではありませんが、なるべく減らそうと努力をしています。

もちろん、診療科目によっては予約制に適さない科もあるかもしれません。予約制を敷いたのに長時間待たされるとなれば、クレームの原因になります。皮膚科や耳鼻科など、1日100人以上の来院があり、処置や検査に時間がかかる診療科は、少しの時間のずれが積み重なって長時間の待ち時間につながるリスクがあります。診療単価が少ないからこそ多くの患者さんを診る必要があるのに、予約制にすることによって診察人数の上限を設けなければならなくなる。予約制には、そんなデメリットもあります。

(2) 次回診察患者席を設置する

患者さんの呼び出しから診察開始までにかかる時間を少しでも短縮するために、当院では次回診察患者席というものを診察室の前に設けています。呼び出しが近づいたら、待合室から診察室の前にあらかじめ移動してもらうことで、高齢患者さんや歩行に難がある患者さんでも診察室にすぐ入っていただけるようにしています。

もともとは、2部屋の診察室をつくり、次の患

診察室前の椅子

者さんは隣の診察室に待機してもらっていました。医師が2つの診察室を往復することで無駄な時間を減らしていたのですが、患者さんのクレームがあり、やめました。診察室に入ったら、まずは、患者さんと会話をしながら、パソコンの画面で電子カルテを確認して状態を把握するようにしていたのですが、患者さんと目線を合わせる時間がほとんどなかったため、「待たされて、やっと診察室に医師が入ってきたと思ったら、パソコンの画面だけを見て診断された」とネット掲示板に書き込みがありました。

現在は、次の患者さんを呼ぶ前に前の患者さんの電子カルテを記入。次の患者さんを呼んで、診察室の前から診察室に患者さんが移動してくださっている5〜10秒ほどで、電子カルテをざっと確認して状態を把握し、患者さんとは基本的に目線を合わせて会話をするスタイルに切り替えました。以後、同じようなクレームは出ていません。

ちなみに2つの診察室を往復していた時期は、パソコン画面を見ずに診察をしようと、前日に予約患者さんの予習をしていたこともあります。結果的に患者さんの予習にかかる時間が、現在の方法よりも多くかかり、診察はスムーズでも診察以外の仕事の効率が悪いので止めました。

診察以外の仕事をしなくてよい方、あるいは予習など不要でＰＣを見なくても全て頭に入っている方は２つの診察室を往復するスタイルが最も時間短縮につながると思います。

（３）会計の迅速化をはかる

診察が終わった後、会計までの待ち時間も意外と長いことがわかり、できるだけスムーズにする取り組みもしています。診察までの待ち時間は、電子カルテ上も表示されるため気にしている医師は多いのですが、診察終了後から会計までの待ち時間は気にしていない開業医が多いかもしれません。しかし、患者さんにとっては、どの段階であっても待ち時間はストレスになります。

電子カルテがなかった時代は、診察が終わってから診療報酬の点数を計算して会計に回していたので時間がかかったのかもしれませんが、現在は電子カルテの入力さえ済めば速やかに会計ができます。当院では、会計スタッフに診察終了がすぐに伝わるように、診察室と受付の間にある壁に書類を渡せる程度の開口を設けています。診

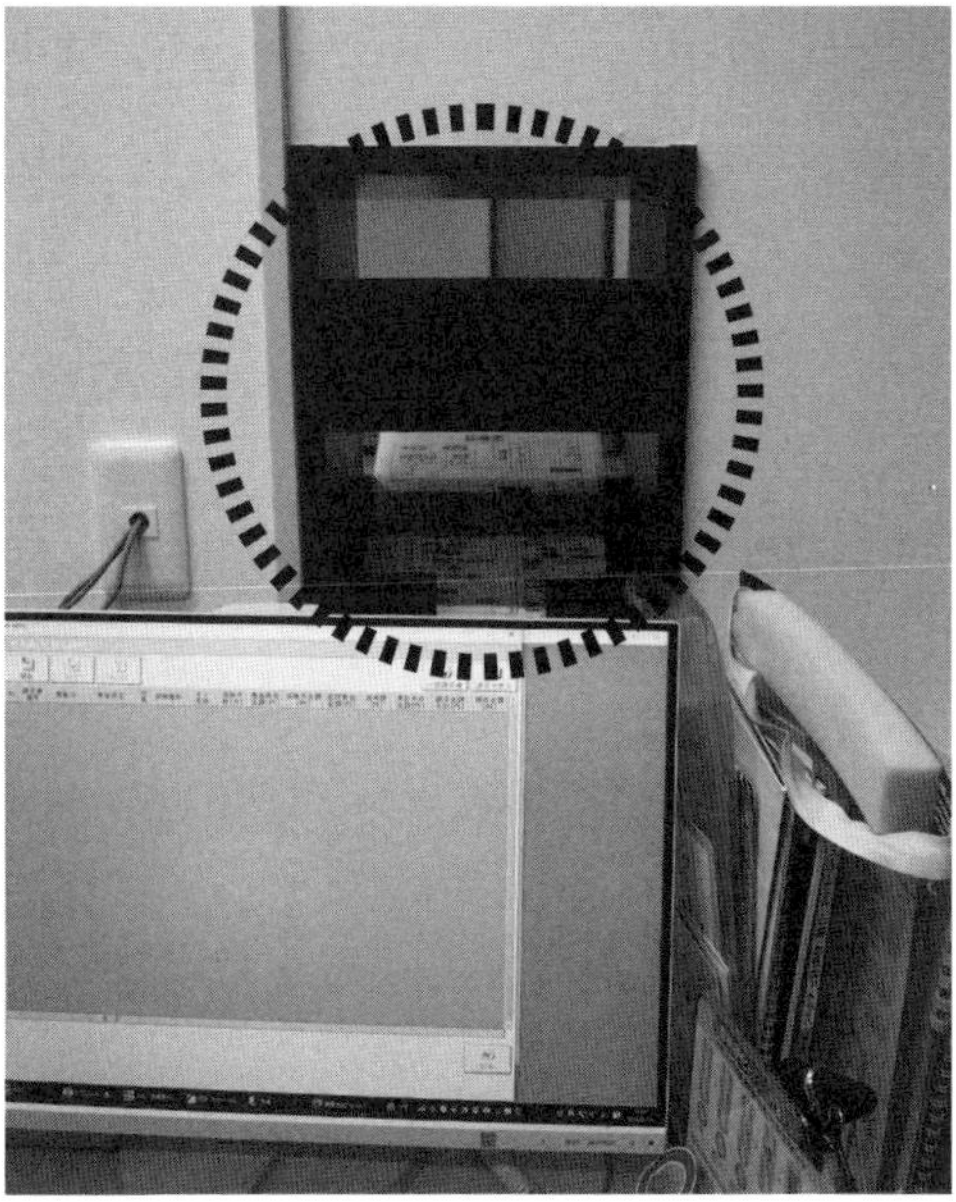

開口部

察が終わったら、この開口下にあるトレーに患者さんのファイルを入れると、会計スタッフが受け取ってすぐに会計処理をスタートします。

数分で患者さんを呼び、自動釣銭機にて精算してもらって終了です。時間帯にもよりますが、診察が終わり、待合室に戻る途中で患者さんの名前が呼ばれることもあります。

自動釣銭機

Point 04

なるべく多くの患者アンケートを集める

当院では、来院してくださった患者さんにアンケートを実施しています。

ネット掲示板があるので、患者さんの不満はおおまかに把握できる時代になってきましたが、そこに不満を書き込む患者さんは、来院された方のごく一部に過ぎません。少し不満を持ったとしても、何も言わずに二度と来院しない方のほうが多いのではないでしょうか。しかし、経営者としては、何も言わずに去っていかれる方にこそ、意見を聞きたいと思います。ちょっとした不満であれば、改善の余地があります。改善をして、また来院してくださるのであれば、それに越したことはありません。

答えなければいけない項目がたくさんあるアンケートは、面倒だと敬遠されますので、シンプルかつ匿名で答えられるよう、Googleフォームでアンケートを作成し、患者さん全員にＱＲコードをお渡しして帰宅後に回答をお願いしています。

当初は、アンケート用紙を配布して、会計を待つ間に書いていただいていたのですが、いくら匿名といえどもその場で書けば誰が書いたかわかってしまうからと、書いていただけないケースがありました。私もスタッフも誰が書いたか特定しようという気はなかったのですが、患者さんは本音を書きづらかったのでしょう。それに、アンケートを書く間、待合室が混雑してしまうデメリットもありました。

できるだけ多くのアンケート結果が集まれば、その分、要望やお叱りの声などもたくさん集まります。「そんなことが不便だったのか」「確かにそれは気になるかもしれない」など、声の数だけ改善の余地があるので勉強になります。地域で選ばれる診療所になるには、その一つひとつを解消していくか、解消できないなら別のことで穴埋めができないかなど考え、選ばれ続ける努力をする必要があります。

また、患者さんを理解するための仮想患者設定について前述しましたが、仮想患者設定の精度を上げ、補強するためにも、このアンケート結果は役立ちます。アンケートに隠れた本音から、その患者さんの不安が浮かび上がってくるケースもあるからです。

例えば、「診察室での会話が、待合室にまで聞こえてきた。プライバシーが気になる」という声をいただいたことがあります。待合室で声が聞こえるかもしれないと思ったら、診察室で本音は話しづらくなります。「だから、あまり話したがらなかったのかな」と、ある患者さんが想起されました。そこで、待合室や診察室前の廊下に音楽が流れるようにして、診察室の話し声が気にならないように改善しました。また、医療面談でも、「人に知られたくない」という不安が強い方かどうかを観察するようにしています。

ご来院いただきまして誠にありがとうございます。
当院では、より良い医療サービスと接遇向上のため、
患者様よりご意見・ご感想のご協力をお願いして
おります。

下記QRコードをお手持ちのスマートフォンでお読み
いただき、当院のご感想をお寄せください。
およそ1分程度で終了します。

患者様の声をお聞かせください

QRコード

しぎょう循環器内科・内科・皮膚科・アレルギー科

受診後の患者さんに配るアンケート用紙

こうしてブラッシュアップした仮想患者設定があれば、スタッフも実際にその患者さんに対応する際の声掛けや不安への寄り添い方などが変わります。

仮想患者設定同様に、アンケートも、一度つくっておしまいではなく常にブラッシュアップをしています。

Point 05

クレーム報告を歓迎する

常に工夫をしているつもりですが、それでもクレームを頂戴することはあります。ただ、クレームは喜ばしいことだと私は考えています。むしろクレームがない診療所は患者がいない診療所ではないかとさえ思っています。

患者さんの中には、稀に理不尽なクレームを要求する方もいますが、多くの方は建設的で診療所の成長に欠かせない要望や改善案を伝えてくれます。「こうあってほしい」という期待があるから、不満が出ます。「本来こうあるべきだ」という理想があるから、改善すべき点が目に付くわけです。それは、医師やスタッフ側にいると気づかないこともあるので、言ってもらえるからこそ改善できる部分が多々あるのです。

まさに、診療所は生き物。患者さんがいることによって、成長させてもらっているのだと日々感じています。

診察中に起きたクレームには、スタッフがいち早く対応するのが基本です。傾聴することで患者さんがトーンダウンしたり、納得して帰っていただけたとしても、どんなに小さなクレームだったとしても、院長に報告しやすい環境をつくることが大切だと考えています。報告が上がってこなければ、他のスタッフが同様の失敗を繰り返し、クレームではなく大炎上につながる可能性もあるからです。

しかし、一方で、患者さんからクレームを言われることは、つらいことです。「怒られた」「怒鳴られた」などの理由が、自分のせいかもしれないと思えば、人間は自己保身に走るものです。クレームは収まったのだからと言い訳をして、クレームがあった事実を隠そうとするスタッフが出てこないとも限りません。そこで、当院では、クレーム報告を人事評価の項目に加えています。報告をしたほうが、評価が上がるというしくみです。そして、スタッフに非があったとしても、絶対に責めることはありません。悪いのは、あくまでも起こった事象であり、スタッフ自身ではないということを強調して伝えています。

この姿勢を貫き、スタッフの共有ノート申し送りでは、どのスタッフが何をしたかは書かずに、クレームとなった事象および考えられる解決策を記載してもらうようにしています。それによって他のスタッフもそのクレームを共有でき、同じ失敗を繰り返す可能性を減らすことができます。クレーム対応は難易度が高く、うまく収まらずに失敗することもあるでしょう。でも、大切なのはクレームを収めることそのものではなく、その失敗を生かして次の失敗を防ぐことです。

ですから、クレームをスタッフ全員で共有し、患者さんが次回来院されたときに、改善されている様子を見てもらえるよう準備や対策を行う。そうやって成長した姿を見せることで、患者さんとの信頼関係は強化することができます。

ちなみに、待合室などでのクレーム対応は、基本的にどれだけ理不尽だと思うものでもまずは傾聴することを基本対応にしています。そして、その怒りに対して、「あなたの怒りを引き起こしてしまったことは本当に申し訳ない」と伝えます。理不尽なクレームに対しては、言動そのものに対しての謝罪は一切行いませんし、改善もしません。ただ、怒りを覚えたことに対しての謝罪はするように徹底しています。

Point 06
診療所外で患者さんと出会うことを恐れない

さて、診察室以外でも地域で活動していると患者さんに出会うような場面に出くわします。自分の生活を知られるのが嫌だとわざと遠くの場所で開業する先生もいらっしゃいます。たしかに、自宅と診療所が一緒であることが多かった昔は、夜中や診療時間外にインターホンを鳴らされて叩き起こされたこともあったのでしょう。家族で旅行に行っているのを詮索されたなど、プライベートまで監視されているようで息が詰まると感じるのはその通りだと思います。

しかし、患者さんとの関わりを院外で完全に絶ってしまうのは、本当に勿体ないと思います。というのも、私は近くのなじみの店を何店かつくって、そこで医院のセミナーのチラシを置いてもらったり、常連さんと仲良くなったりして新しい患者さん発掘の機会としています。知り合いから推薦されると、信頼は伝播するので新しい医院であっても受診する動機になりやすいと感じています。

ほかにも、私の場合は、患者さんとの縁がきっかけで市民講座を尼崎市主催で開かせてもらえたり、近くのお寺の講和のタイミングでセミナーをさせてもらったり、市民ＦＭに専門分野のお話をさせていただく機会をもらったりと、普通ではできない宣伝活動を経験させていただきました。

勤務医の時では考えられないことかもしれませんが、医者と患者という立場ではなく、人間同士の関係をつくってみることも、開業医にとっては大切だと感じた出来事でした。

Point 07 診療科目に合わせたバランスでＤＸを導入する

コロナ禍を経て、自動釣銭機など医療現場でのＤＸ化は加速しています。「人間でないとできないこと以外は、機械を使えばよい」という理屈はよくわかります。接触を減らしたほうが、コロナ禍では安心感もありました。しかし、診療科目によって患者層は変わるため、ＤＸをどこまで導入するかは、自院に合わせてバランスをとることが必要だとも思います。

当院では、開業時から自動釣銭機を導入しています。中古を安く手に入れましたが、これは重宝しています。電子カルテから患者さんごとの会計情報がボタン1つで釣銭機に連携し、自動的に計算されて必要なつり銭が排出されてきます。レジを打つ必要がありませんから、手入力によるミスがありません。つり銭を数える必要がないので（念のため、スタッフが目視で確認はしますが）、数え間違いがありません。会計の締め業務も、ボタンひとつでできるため、「なぜかつり銭が合わない」という状態に陥ることもありません。

ただし、当院では、受付カウンターの裏に自動釣銭機を設置しており、おつりを渡すのはスタッフです。コロナ禍で患者さんとスタッフとの接触をなるべく減らすために導入された診療所では、おつりの受け渡しも患者さんができるようにしているところも多いのではないでしょうか。しかし、当院の患者さんは高齢患者さんも多いため、接触を減らしすぎることのデメリットもあると考えました。おつりの受け渡しを手渡しにすることで、スタッフから患者さんに掛ける言葉は一言増えます。スタッフと患者さんの信頼関係を希薄にしないために、受け渡しという工程はあえて非効率でも残しているのです。

現在、主流になりつつある、WEB問診については、当院では導入していません。やはり、高齢患者さんが多いので、入力するためにスタッフがつきっきりで対応する必要があります。ならば、手書きで書いてもらい、スタッフが入力するほうが効率的だと判断しました。

ちなみに、コロナ禍で一気に加速するかと思われましたが、当院では、オンライン診療はほとんどニーズがありませんでした。地域柄や患者さんの年齢層の影響もあると思いますから、一概にはオンライン診療のニーズがないとは言えません。働き盛り世代で、薬だけを処方してくれればよいという世代の方は、オンライン診療に移行したのだと思います。ただ、当院に通ってくださっている患者さんは、オンラインではなく、対面で医師に診察をしてもらうことを求めているのだということを確かめることができました。

コロナ禍で、患者さんのニーズがあるならできることはやろうとオンライン診療システムを構築しましたが、結局、数件のみ対応しただけで終わりました。

そのほか、電話の機械受付を一時導入しましたが中止しました。電話応対で人手がとられてしまうのをどうにかしたいと、開業医の先生の本を読んで導入してみました。文章をつくり込み、多くの質問の答えを自動音声で入力して、患者さんには番号を押してもらって疑問を解消していただくという流れです。「診療時間は何時までですか」など、ホームページに書いてある情報についての問い合わせは、この機械受付に任せようと考えたのですが、導入直後から患者さんのクレームをいただきました。

「電話のプッシュボタンを何度も押すのが面倒だ」「求めている情報にたどりつくまで時間がかかる」などの理由で、クレーム電話の対応にスタッフの手がとられることになったほか、「電話じゃ埒があかないので直接来た」と来院される方も出てきたからです。

電話回線を増やすことも考えましたが、増やした分、電話対応が増えてしまうため、結局、かかってきた電話に1件1件対応するという従来の方法に戻しています。

SNSについては、LINEとInstagramを導入しており、診療時間や休診日、ワクチン接種開始のお知らせなどの情報発信を中心にしています。

Instagramは、近隣のお店情報や自費の製品紹介、スタッフとの交流会の様子などカジュアルな情報も発信しています。患者さんは高齢の方が多いのでSNSを見ない方も多いのですが、患者さんのご家族がフォローしてくださって休診日などを患者さんに伝えてくれることもあるでしょうし、まずは情報収集しようという未開拓患者さんに見つけてもらったりできればとも思い、不定期で発信を続けています。

現在運用しているのは私ですが、いずれはスタッフに運用を任せたいと考え、簡単に管理できるものを選んで導入してきました。

DXをうたう機器はたくさんありますが、あれもこれもと導入をしても、患者さんにメリットがなければ使わなくなっていきます。そのあたりを吟味しつつ、新製品に飛びつかず、当院で十分に活用できるかシミュレーションを重ねたうえで試行し、合致するものだけを続けるようにしています。

Point 08

当院で使っている電子カルテと予約システムについて

さて、少し話がDXからはそれますが、当院で使用している電子カルテや予約システムについてお話をしたいと思います。というのも開業希望の知り合いの先生から百発百中で尋ねられるのが、この2つについてです。

電子カルテがないと診察ができない時代ですが、多くの会社があり、種類もオンプレミスなのかクラウドなのかなど、選択肢が多すぎて迷います。また予約システムに関しては予約制にするのかどうか、予約制でも順番性にするのか、時間制にするのか、はたまたハイブリッドにするのかなど開院する前に決める必要があります。

当院がなぜこのシステムを使っているのかは、あくまで個人の判断で全ての方に共通するものではありませんが、選択基準などの考え方は参考になるかと思いますのでお伝えします。

電子カルテ自体は勤務医の時から使用しているので、最初は何となく同じようなものを選ぼうと思っていたのですが、病院で求められるカルテと開業医で求められるカルテは違いがあります。

私の中で電子カルテに求める機能は、大きく２点ありました。

①カスタマイズができること
②処理速度が速いこと

です。

電子カルテは、病院が変わればメーカーが変わるので、一から覚えなおす必要がありました。慣れると仕事のスピードは速くなるのですが、同じ仕事でも病院が変わると少しずつ違っていたことがありました。振り返ってみるとボタンを押すまでのマウスの移動距離やクリックの数で少しずつ差がついてそのような時間の差が出ているのだと気づきました。そこで、自分がよく使うボタンを自由に移動できる、かつ同時に処理できる機能を持つ電子カルテメーカーを基準に選ぶことにしました。

後は処理速度の問題です。同じ作業をしていても新しくカルテを立ち上げる時や検査結果を見る時の反応速度が機種によって違います。開業当時はクラウド型が出始めた頃で、価格も低価格に抑えることができるため第一選択肢と考えていたのですが、当時のクラウド型は処理速度が遅いのがネックでした。ですので、当院ではオンプレミス型を選びました。結果、それらの条件で当時ベストであったユヤマさんに決め、現在も不満なく使用しています。

現在はクラウド型の処理速度は上がっており、情報保管の安全面からもクラウド型が優るかもしれません。ただ、どのような型を選ぶにせよ、自分なりに基準をつくって探されるのがいいのではないでしょうか。

ちなみに使用してから気づいた良い点として、ＤＩ機能の強さはユヤマさんが圧倒的だと思います。先発薬だけでなく後発薬の医薬品の画像も表示されるので患者さんへの説明には重宝します。当法人の分院は院内処方を採用しているので、患者さんの服用薬を入力しておくと、新たに処方した薬との相互作用を自動的に判別してくれるので、安全面上でも安心です。

開業当初は、導入コストを安くしようと考える傾向にあるため、安いところに流れがちです。しかし、電子カルテは、余程のことがない限り最初のメーカーを使い続けることになります。そして毎日の診療のストレスに直結します。目先ではなく将来を見越した決断をすることをおすすめします。

予約システムに関しては電子カルテほどメーカーが乱立している訳ではありません。ただ、一方で、自分自身がどのような予約システムを組みたいかという理想を描くのが電子カルテほど簡単ではありません。

多くの流行っているクリニックは、科目を問わず予約システムが入っているところが多く、予約のルールとしては順番予約が多い印象です。私自身はまず予約システムを入れるかどうかについて考え、次に入れるのであれば予約をどのようなシステムで組むのかという順番で考えました。

予約システムを入れるかどうかについて悩みましたが、当院は導入することにしました。実際、開業してから患者さんの診察予約を観察していると、当院の予約患者さんの多くが営業時間外にネットから予約を入れてくれています。つまり、もし予約システムを入れていなければ、その患者さんは他の医院の予約システムに流れてしまい、当院の患者さんにならない可能性があるということですから、導入してよかったと考えています。

続いてどこのシステムが良いのかを考えます。私自身は現在ドクターキューブを使用していますが、最初は有料の予約システムを導入するのに及び腰で他の無料システムで開始しました。しかし、予約管理や患者数増加で医院のオペレーションの変更に対応がしづらくなったため、現在のドクターキューブに切り替えました。

予約システム自体は先ほど述べた通り、先生に体力があり残業もいとわないタイプであれば順番予約が良いと思います。またそうでなくても耳鼻科や皮膚科など単価が比較的低く、患者数をこなしてなんぼというスタイルであれば順番予約にせざるを得ないと思います。

私自身は順番予約の方が患者さんは多くみられる可能性が高いと感じていましたが、できるだけ残業を減らし、18時に仕事を終えたいという気持ちが強かったこと、1日100人程度診ることができれば十分という発想でのんびりまんべんなく患者さんが来てくれる時間予約システムを組みました。

現在は30分で6人の予約枠を用い、枠に入りきらなかった方は飛び込み扱いで診察を行っています。予約患者さんを優先して呼び、空いた時間で飛び込み患者さんを呼ぶスタイルです。すると1時間に20人程度の患者さんをまんべんなく診療できています。

このように、「予約制＋飛び込み」を設定したり、当院のニーズを事細かにヒアリングしてそれに合った予約システムの提案をしてくれたり、院内でのサイネージ、呼び出し音声の作成などきめ細かい対応をしてくれたのがドクターキューブさんでした。

ちなみに、予約患者さんをとるデメリットを挙げると、患者さん自身が予約を忘れてしまっているということがときに起こることです。せっかくその時間を空けて待っていたのに来院されなかったということがたまにあります。特に先述の無料のシステムでは良く起こっていましたが、ドクターキューブに変更してからは一気に減少しました。

なぜかというと患者さんに予約前日に確認のメールやLINEメッセージを自動設定で送ることが可能だからです。こういった機能の積み重ねが患者さんの獲得に寄与するというのは実際使用してみて肌で感じています。

原則5

外部の力も借りて組織をつくる

Point
01

職員満足度を上げることが先決

さて、患者さんとの医療面談をつくり、また来たいと思っていただける診療所をつくるために努力を重ねても、十分ではありません。開業医には、「組織をつくる」という重大なミッションがあります。「開業すると、スタッフ問題に頭を悩ませる」という定説を聞いたことがある医師は多いのではないでしょうか。診療所という組織をつくるには、スタッフとの信頼関係を構築して、長期安定的に働いてもらうことが必要不可欠です。医師一人では、診療所運営はできません。病院のように潤沢なスタッフがいるわけでもありません。スタッフ一人ひとりが大切な戦力であり、一人でも欠ければ運営に支障が出るほどのダメージがあります。

勤務医時代は、医師がピラミッドの上で、その下にコメディカルや受付スタッフがいるという図式が成り立っていましたが、診療所においては医師とスタッフはパートナーのような関係です。長期安定的なパートナーシップを築くことができれば、診療所運営は安定します。安定すれば、患者さんへの対応やサービスの質も安定するため、患者満足度向上にもつながります。

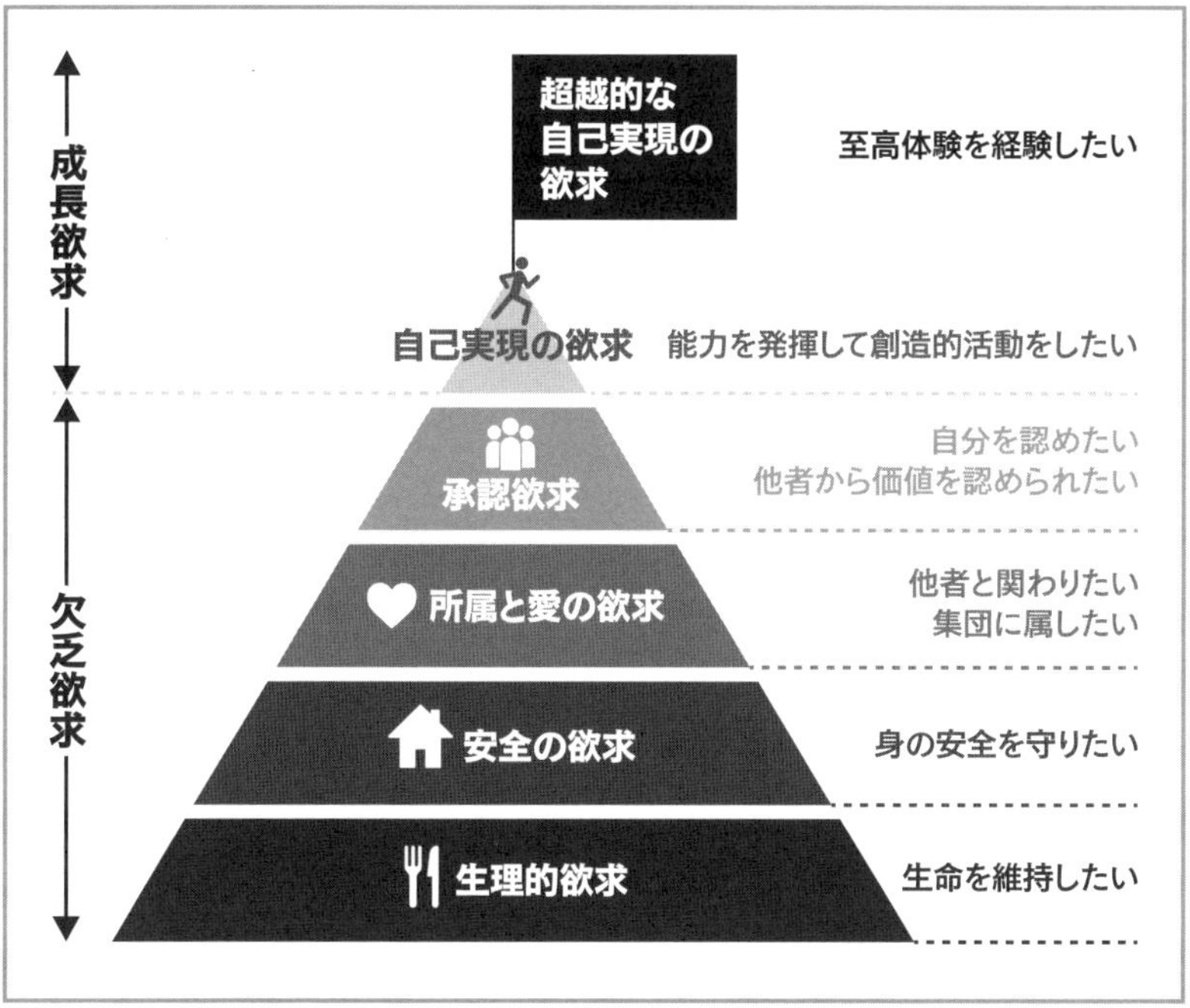

アブラハム・マズローの欲求５段階説

では、そんな素晴らしい組織をつくるには、どうすればいいのか。できることはたくさんあるのですが、根本的には、医師が頑張って指導をするというよりも、スタッフが意欲をもって仕事ができる環境をつくり、職員満足度を上げることが大切です。

意欲をもって仕事ができる環境をつくるうえで、参考になるのは、心理学者アブラハム・マズローの欲求５段階説です。有名な図ですから、すでにご存じの方は多いでしょう。

図からわかるように、人間の欲求の根底を支えるのは生命の維持、続いて身の安全です。経営者としてできることは、「絶対にスタッフの雇用は守る」という強い意識を持ち、それをスタッフにしっかりと伝えることでしょう。いつ辞めさせられるかわからない、というような不安定な状況では、スタッフ自身の精神状態が安定するわけがありません。余程のことがない限り、退職を言い渡されることはないとわかってもらい、安心して働いてもらえる条件を整える必要があります。

その次は、「集団に帰属したい」「集団の一員として認められたい」という所属欲求をしっかりと満たすことが必要になります。採用しただけでは、帰属意識は生まれません。仲間の一員として認めてもらえたと感じたときに満たされる欲求ですから、折に触れて「当院で働くことを決断してくれてありがたい」というメッセージを伝えるとともに、スタッフ同士の関係性が悪くならないような雰囲気づくり、「当院で働いてよかった」と思ってもらえる工夫が必要になります。コロナ禍でなかなかできていませんでしたが、当院では、スタッフとともに食事をしながらコミュニケーションを図る機会を設けています。そのような場であらためて普段の仕事への感謝を伝えるとともに、懇親を深められるような機会をつくっています。

さらに、他者から認められたいと願う「承認欲求」を満たせるよう、スタッフが自己実現できるようなキャリア形成も考えていかねばと考えているところです。小さな組織ですから、キャリアステップのバリエーションは少ないのですが、優秀なスタッフはマネージャーなどへの管理職登用を検討したり、得意なことを生かして特定分野の業務を任せたりするなど、半年に1度面談をして、それぞれのスタッフの仕事ぶりや姿勢を承認するよう心掛けています。

小さな診療所で、そんなことまで考える必要があるのかと思う人もいるかもしれません。実際、そこまで考えられていない診療所も多いのが現状です。しかし、これから人口減少は間違いなく続きます。人材確保のために、大企業はすでにいろいろな工夫を始めていますから、このままでは医療業界に優秀な人材は流入しなくなるでしょう。優秀な人材を確保し、働き続けてもらえるかどうかは、診療所の死活問題なのです。

長期安定的に優秀なスタッフを雇用できる診療所になれば、職員満足度が高い状態を維持できているということです。職員満足度が上がれば、満たされた職員はおのずと仕事にも意欲的に取り組み、患者さんに思いやりある行動ができるようになっていきます。職員が大切にされていない組織なのに、「患者さんは大切にしろ」と言われてもできるわけがありません。「強い組織づくりは、まず職員満足度を上げることから」が基本です。

Point 02

スタッフとのパートナーシップを強化する基礎固め

まだまだ当院の組織は発展途上です。しかし、開業以降3年間、試行錯誤しながら職員満足度を上げ、パートナーシップを強化するために知恵を絞ってきました。

当院は現在、常勤と非常勤を合わせて24人のスタッフが在籍しています。常勤スタッフは3名で、他は全て非常勤、つまりパートスタッフです。強い組織をつくるには、非常勤より常勤スタッフが多いほうがよいのではないかと指摘を受けることもあります。たしかにその通りです。ただ、このような体制をとっているのには理由があります。

まず、駅から遠い住宅街のため、交通の便はよくありません。働く側からすれば、駅から近い、交通の便が良い、ということを条件に挙げる人が圧倒的に多いので、そもそも、応募者が少なく、常勤で採用できそうな人が見つからなかったのです（現在は、遠方の方でも「働きたい」とわざわざ連絡をくださる方もいるのですが、開院当初はスタッフ採用に苦労しました）。

また、過去に常勤スタッフから突然退職を切り出され、運営に支障をきたしそうになった苦い経験があることから、非常勤スタッフを多く採用して、突然の退職に備えられる体制をつくろうとしたことが背景にあります。

実は、開院前日にスタッフから一斉離職を切り出されました。オープニングスタッフとして採用し、開院前の研修を2週間程受けてもらっていたのですが、開院前日になって「もう先生とは一緒に働けません」と言われたのです。危うく総辞職になりそうでしたが、数名は残ってくれて、なんとか開院できました。ただ、私にとっては、ショッキングな出来事でした。正直に言うと、傷つきました。反省もしました。今思えば、勤務医時代のような感覚で、スタッフに接していたのだと思います。リーダーシップが足りなかったのかもしれません。もう少し、院長として、アブラハム・マズローの欲求５段階説も踏まえて接していたら……という後悔もあります。

このような経緯があり、現在の体制に至ります。ただ、現在は非常勤でも、いずれ常勤雇用に切り替えていくことを考えていますし、パートスタッフの方にこそ働きやすい職場環境を整えようと心掛けています。

というのも、パートスタッフの方は本来実力があるのですが、子育てや介護など家庭の事情で働くことができる上限や時間帯に制限がある方々です。家庭の事情は日々変わっていきますから、いずれ制限がなくなれば常勤で働いてもらうことができる人材です。さらに、非常勤スタッフは、労働環境が整っていなければ、すぐによりよい環境に移動しやすい雇用形態です。反対に、当院の労働環境を気に入ってもらえれば、本来の実力を発揮して強い戦力として活躍してくれるほか、長く働き続けてもらうことができます。非常勤だからいつ辞めてもらってもよいと考えているわけではありません。

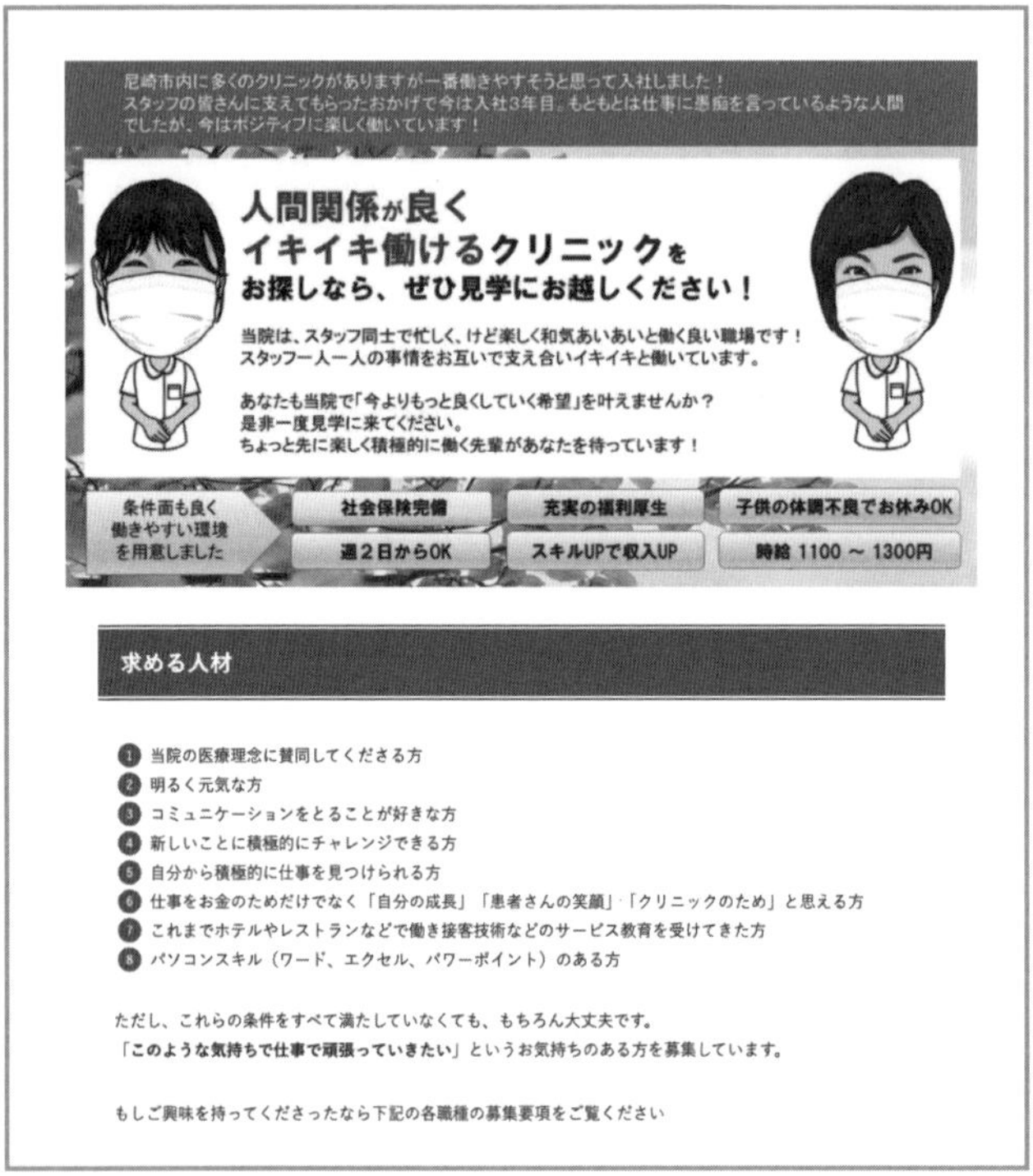

ホームページにある当院の採用情報ページ

常勤スタッフも非常勤スタッフもともに働きやすく、ともにパートナーシップを強化したいと思い、当院で取り組んでいることは次の通りです。

当院に向いていない方

傍観者のように仕事をする方

患者さんはご自分の病気に真剣に向き合っています。

我々医療者が他人事のように仕事に臨んでいては患者さんは安心して治療に専念できません。

風見鶏のように態度が変わる方

接する人によって態度が変わる人がいます。自分より若いから、資格がないから、入職が遅いから、

そんな理由で態度が変わる方は信頼ができませんので当院は求めていません。

チームとして患者さんのためにどれだけ真剣に取り組めるかを求めています。

他責の方

何か悪いことが起こったら自分が悪いのではない、○○のせいだとすぐに言い出す方は

患者さんに対して責任を持てません。

チーム意識を持てない方

医療は患者さんに安心してもらうために医師一人、看護師一人だけでできるものではありません。

私たちスタッフ一同チームでそれぞれの役割を果たして

初めて患者さんにとって心地よい医院が出来上がります。

そのためにご自分が何をしたらよいのかを考えられず、自分のしたいことだけをする人は求めていません。

【採用における取り組み】

パートナーシップを築いていけそうかどうかは、採用活動の段階から始まっています。ですから、採用基準として、当院の理念に共感する気持ちがあるかどうかを重要視しています。志望理由を聞いて、理念に対する言及がない方は、そもそも採用していません。

また、当院では上のような採用ページを開設し、スタッフの声も載せています。働きやすい環境が整っているというだけではなく、業務時間内はとても忙しいことも伝えています。さらに面接でもそのことを伝えて、入職後にギャップを感じないように心がけています。

「職場環境がよいから」という理由だけで応募されてくる方は、過度に期待が高く、入職後の忙しさを体験して音を上げる傾向にあります。忙しいからこそ、メリハリがつけられる職場であること。患者さんがたくさん来てくださるからこそ、スキルアップができることなどを何度も伝えて、それでも入職したいと思ってくれる人材なのかを確認しています。

【理念浸透への取り組み】

入職後は、理念を踏まえて仕事をしてもらいたいと思っていますので、忘れないためにも、朝礼で毎日当院の理念を全員で唱和する習慣を取り入れています。理念を共有することで、パートナーシップを強化したいという思いがあります。

この習慣は、スタッフに理念への理解を深めてもらうだけではなく、院長である私が理念を実行していることを背中で見せられるよう、毎朝自分自身に確認するための唱和にもなっています。理念の唱和が形骸化しないためには、私自身が日々理念を念頭に置いて仕事をして、院長が実践している場面を多く見せていくことが、大切だと思っています。

【感謝の気持ちを伝える取り組み】

朝礼や面談でも、スタッフには感謝の気持ちを伝えているつもりですが、言葉以外でも伝えるようにしています。雇用形態にかかわらず、誕生日には花束をプレゼントします。

給与明細を渡すときには、本人に手渡しをすることを基本として、渡すだけではなく、ねぎらいの言葉を添えるようにしています。

診療所にとって、スタッフは代替可能な「コマ」ではありません。「仲間」であり、「顧客」ともいえるかもしれません。私自身はパートナーでありたいと常々思っていますが、実際、スタッフが私のことを仲間だと思ってくれているかは、正直なところ自信がありません。

雇用主と従業員の間には、超えられない大きな溝もあります。でも、溝があるからと、チームワーク強化をあきらめるわけにはいきません。診療所にとって、スタッフとの協働は必要なことであり、診療所存続のための重要課題だからです。

診療所の一員であると誇りに思ってもらえるよう、日々理念を実践していくしかありません。スタッフの家族や親せき、仲の良い友人などが受診してくれるようになって、少なくとも医師として「スタッフに認めてもらえた」と感じることはできるようになりました。

Point 03
院内コミュニケーションを活発化させる工夫

最近、「組織の心理的安全性」という言葉を耳にすることが増えました。もともとは組織行動学を研究するエドモンドソン教授が1999年に提唱した心理学用語で、「チームの他のメンバーが自分の発言を拒絶したり、罰したりしないと確信できる状態」を指します。

先ほどマズローの欲求5段階説について言及しましたが、この第3段階目にある帰属欲求がこれにあたります。これまで日本の組織は終身雇用制が守られ第1、第2段階に関しては堅固に守られていました。しかし第3、第4段階目にあたる心理的安全性、つまり組織において自分が軽んじられない、重要視してもらえるという点に関してはあまり注目されていませんでした。

病院での会議でも、心理的安全性が確保されていないことを確信する場面が多くありました。会議に参加することが目的になり参加さえしていたら良いと黙っている、あるいは発言が否定されるのが怖くて何も言わずに会議を終えてから内輪で文句を言う……などは、病院の会議でよくみられる光景ではないでしょうか。

私は以前勤めていた病院で「発言をしないなら、会議の場にいないのと同じだ」と上司から言われたことがあります。そのときは黙って頷いていましたが、当時の私は発言しづらくてできなかったのです。学会でも、ガイドラインの班長クラスの医師が「素人質問で恐縮ですが……」などと質問をしているのを見て、若手の医師である私などが質問できない雰囲気だと感じたことも多々ありました。

ですから、この「心理的安全性」という言葉が有名になったことは、とてもよいことだと思っています。どんなことを言っても受け止めてくれる、馬鹿にされることはないという安心感から活発な意見交換が生まれます。私自身が肩身の狭い思いをした経験があることから、そんなふうに議論が活発になるよう意識をしています。

ちなみに、心理的安全性＝仲がよいことだと勘違いされることも多いのですが、少し違います。仲が悪いというのは論外ですが、仲が良すぎて現状の人間関係を優先して発展的な意見が言えないような関係も心理的安全性が高い組織とは言えません。仕事において、目指すゴールを共有し、意見を出し合い、時には衝突もいとわない状態が心理的安全性が確保された状態です。
院内のコミュニケーションを活発化するために私が意識しているのは、次のことです。

【意識的に全スタッフとコミュニケーションをとる】

どの診療所でもおそらくそうだと思うのですが、院長不在のスタッフのLINEグループ（私調べでは100％）があります。

以前知人が勤務していた診療所のグループLINEを見せてもらったことがあります。その診療所の院長は私も知っている方ですが、知人はその事実を知らなかったので見せてくれたのだと思います。読むのも恐ろしいほど、院長の悪口が書かれていて驚きました。「院長が高圧的で指示の時こちらの顔も見ない」「どこの国の貴族か！」「早く転職したい」など、連絡を共有するためのグループというよりも、悪口を共有するためのグループになっていました。

院長がスタッフ共通の敵になると、スタッフの団結力は強いものになります。こうなってしまうと、指示に従わなくなったり、統制がとれなくなったりします。

この衝撃的な事実を教訓として、私はとにかく、全スタッフとコミュニケーションを意識的にとるように心がけています。スタッフの機嫌をとるのではなく、とにかく声をかけて、私のほうから距離を縮める努力をしています。そして、工夫をしていたり、患者さんへの対応を見かけたりしたときには、必ず、ねぎらいの言葉をかけます。

意識してコミュニケーションをとらなければ、診療をしているだけで1日が過ぎてしまいます。先ほどの院長も、私は人柄を知っているので、悪気があるわけではないと思います。診療に力を入れるあまり、スタッフとのコミュニケーションが少なくなってしまった結果ではないかと推測しています。

当院にも、院長不在のグループLINEがあります。ですので、私が何か知らせたいときには、主任スタッフにお願いして、そのグループLINEで情報を流してもらうようにしています。

【派閥ができない環境づくり】

院長との仲が悪くなくても、スタッフ同士でもめるという話はよく聞きます。「Aグループの仕事はBグループはやらない」などとスタッフが2グループに分かれてしまったとか、「Aグループがいるから」とBグループが集団退職をすると言い出した、などの話を聞くと、とても他人事とは思えません。

幸い当院ではこれまでこういったことはありませんが（開業前に一斉離職の危機はありましたが、開業以降はありません）、普段から派閥ができにくい環境をつくっておくことが大切だと考えています。スタッフが一斉に退職してしまうと、運営に支障が出ますから診療規模を縮小せざるを得ません。結果、患者さんに多大な迷惑をかけてしまいます。

Point 04 派閥形成を予防する

派閥づくりを予防するため、次の５つの工夫をしています。

（1）採用する人材の年齢を少しずつ離しておく

診療所のスタッフは、女性スタッフが多くなる傾向にあります。リハビリに力を入れている整形外科診療所では、男性も多くみかけますが、それ以外の診療所は受付や事務には女性の姿が目立ちます。当院も、医師を除くスタッフのなかで男性は一人だけです。女性はコミュニケーション能力が高いので、同世代が集まるとスタッフ同士が仲良くなるスピードが速く、組織としてはまとまりやすくなるかもしれません。ですが、一方で、院長を敵とみなしたときの結束力も強く、一斉離職などにつながりかねないリスクを負うことになります。

そこで、同世代が集まらないよう、採用時点で気を付けています。世代が違えば、共通の話題も少なくなり、価値観も違ってきます。同世代が集まるよりも団結力は劣るかもしれませんが、何か問題が起きた時は、それぞれ違う観点から意見を言ってもらえるため、建設的な会議になりやすいというメリットがあります。

(2) 休憩時間を長くし過ぎない

関西の診療所に多いのですが、午前診の後に4時間、長いところでは6時間の休憩をとって午後診に入る診療所があります。おそらく多くのスタッフは、この休憩時間に自宅に戻って家事をしたりするのでしょうが、遠方から通ってくるスタッフや家事をしなくてよい若手スタッフは休憩室で長らく過ごすことになります。そうなると、スタッフ同士で話す話題として、どうしても多くなるのが、そこにいない人の悪口です。この時間をきっかけに、派閥形成につながりやすくなります。

当院では午前診察を9時～12時、午後診察を13時15分～18時に設定しており、なるべく残業をせずに帰宅するよう徹底しています。休憩時間は75分ですが、18時以降の残業をしないために昼休憩の間も残務をこなすので交代で休憩時間をとるシステムにしています。必要以上に長い休憩をつくらないことも、工夫の1つだと考えています。

（3）看護師も事務職もマルチタスクにする

看護師の仕事は看護師に、それ以外は事務スタッフの仕事となりがちです。経営的に見ても、時給単価が高い看護師にはできるだけ看護師としての仕事をしてほしいと考えるのは当然だと思います。

しかし、このように仕事をくっきりと分けてしまうことが、スタッフの派閥形成につながることも多々あります。

混雑していて看護師も事務職もお互いに忙しい時はよいのですが、受付が忙しいのに看護師の手が空いて雑談しているとなると、事務職の不満は溜まっていきます。「事務よりも給与が高いのに、ラクをしている」などといった不満の積み重ねで、職種ごとの軋轢ができていきます。

当院では看護師が忙しい時は、事務職がレントゲンの位置決めなどを担当します。反対に事務職が忙しい時は、看護師は患者さんの誘導や書類出し、ごみ捨てなどの仕事を手伝います。「忙しい時はお互い様」の精神を共有することで、職種ごとの溝がなくなり、ワンチームで患者さんに対応できる体制にしています。

（4）情報共有ノートをつくる

スタッフが仕事を覚えるスピードや対応力などはどこで差がつくのかを考えたことはありますか。

個々人の能力の差ももちろんありますが、実は情報量の差が原因であることが多いです。毎日勤務する常勤スタッフは、診療所や患者さんの情報を多くもつことになります。一方、週に数回勤務するパートスタッフは、情報量の蓄積が遅いので、常勤スタッフに比べて仕事を覚えるスピードや対応力にも遅れが出ることになります。こういった差が、常勤スタッフと非常勤スタッフの軋轢につながりやすくなります。

常勤スタッフは、「どうしてわからないの」とイライラしたり、自分が仕事をしたほうが早いと思ってしまったりすることが増えます。非常勤スタッフは、そんなイライラを察知して居心地が悪くなったり、診療所での仕事に当事者意識を持てなくなったりしていきます。

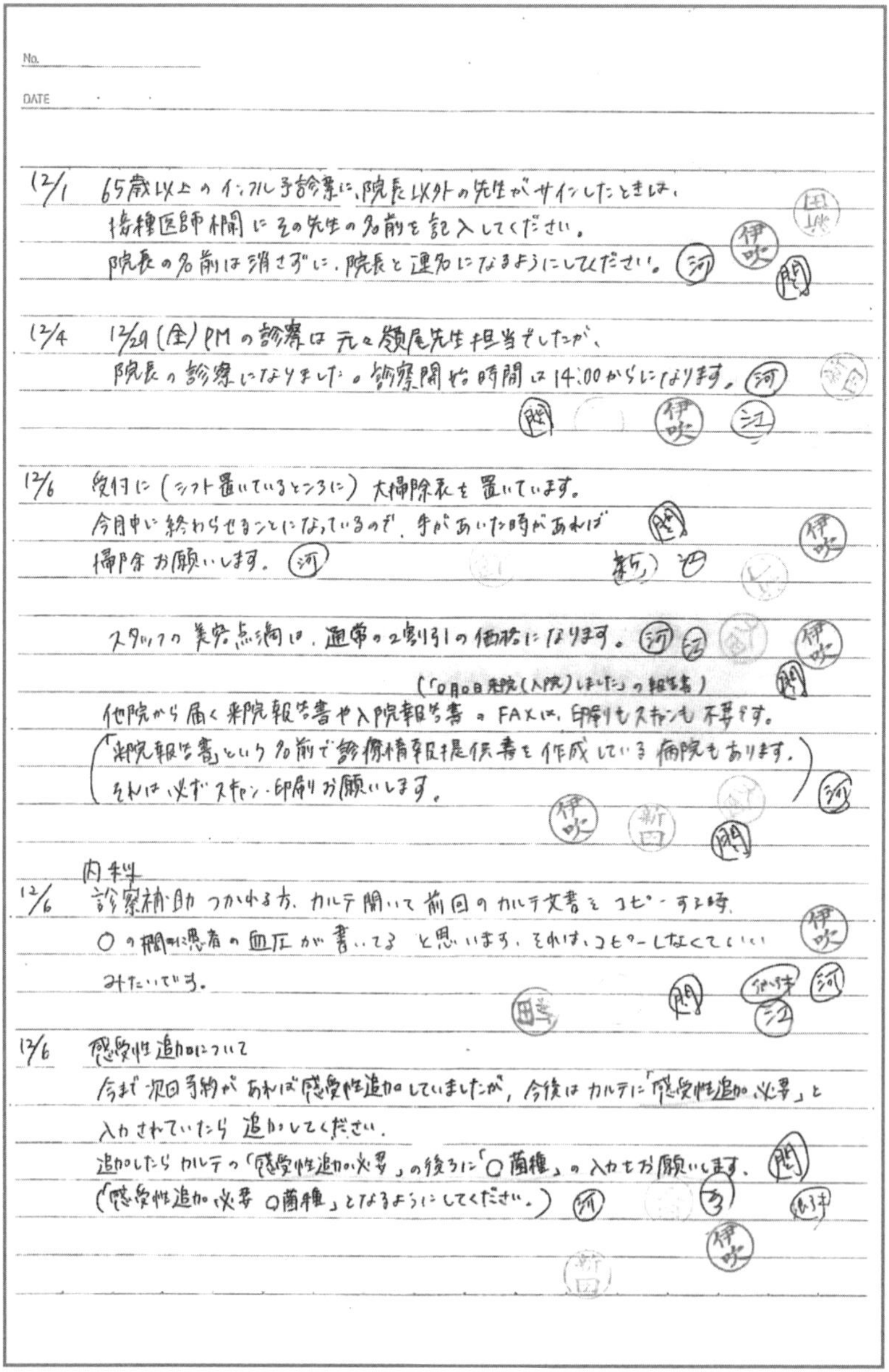
No.
DATE

12/1 65歳以上のインフル予診票に、院長以外の先生がサインしたときは、
接種医師欄にその先生の名前を記入してください。
院長の名前は消さずに、院長と連名になるようにしてください。

12/4 12/29(金)PMの診療は元々領尾先生担当でしたが、
院長の診療になりました。診察開始時間は14:00からになります。

12/6 受付に(シフト置いているところに)大掃除表を置いています。
今月中に終わらせることになっているので、手があいた時があれば
掃除お願いします。

スタッフの美容点滴は、通常の2割引の価格になります。

(「○月○日来院(入院)しました」の報告書)
他院から届く来院報告書や入院報告書のFAXは、印刷もスキャンも不要です。
(「来院報告書」という名前で診療情報提供書を作成している病院もあります。
それは必ずスキャン・印刷お願いします。)

内科
12/6 診察補助つかれる方、カルテ開いて前回のカルテ文書をコピーする時、
○の欄に患者の血圧が書いてると思います。それは、コピーしなくていい
みたいです。

12/6 感受性追加について
今まで次回予約があれば感受性追加していましたが、今後はカルテに「感受性追加必要」と
入力されていたら追加してください。
追加したらカルテの「感受性追加必要」の後ろに「○菌種」の入力もお願いします。
(「感受性追加必要 ○菌種」となるようにしてください。)

連絡ノート

No.

DATE

皮フ科補助の方（感受性について）

細菌培養のコストの下に「感受性追加必要」「感受性追加不要」というのをセットしています。

細菌培養をしたら、必ずどちらか入力してください。

田口先生、藤本先生の補助のときは特に注意してください！

また、「感受性追加必要 ○菌種」と入力されているときはコスト取り忘れないようにしてください。

ついでですが…この間教えた下肢創傷処置の下肢は、足首から下になります。

よろしくお願いします。（河）　（江）（伊吹）（池中）

血糖測定器類（常備しているもの）は、1診の箱ティッシュを入れている棚に
移動しました。個別でオーダーしているものは、今までと変わりません。
（伊吹）　（河）（江）

12/13　皮フ科（藤本先生、田口先生）の補助についたとき、少しでも診察時間を短くするために、
病名や処方、コスト等を横の人が入れることになりました。（伊吹）
「これ入れて」と言われたら入れてあげてください。（河）（江）

共有に非常勤医師評価表というエクセルがあります。
非常勤医師の診察が終わったら、毎回入力してください。（先生ごとにシート分けてます）（河）（江）
（伊吹）

発熱外来の患者のカルテに番号札が入ったままだと落としたりしてしまうので、
受付で捨てておくようにしてください。（河）　（江）（伊吹）

12/18　お薬外来の時は、再診になっているか確認お願いします。
まれに自費で会計すると、初診になることがあります。
ご注意ください。（に）
（伊吹）（河）（江）（池中）

そうした情報量の差をできるだけ小さくするために、当院では情報共有ノートを作成し、スタッフ間の情報が均一化しやすい状況をつくっています。出勤をしたら必ず目を通して、確認したという捺印をすることになっているので、「それは聞いていない、知らなかった」という言い訳ができなくなります。どのスタッフも、当事者意識をもってノートをチェックするようになるので、結果的に仕事にも差が出にくくなります。

そんななかでも、常に改善案を出してくれたり、トラブル解決を買って出てくれたりするスタッフには、褒章を与えることで感謝の気持ちを伝えるようにしています。

（5）親睦会を行う

当院はおかげさまで患者数が多いため、業務時間内は事務連絡程度のコミュニケーションしかとれない状況です。先述の通り、休憩時間も交代制にしており、なるべく残業をしないで帰宅するようにしているので、全員が揃って交流を図ることはめったにありません。非常勤スタッフも多いので、働く曜日が違えば、面識がほとんどないスタッフもいます。

派閥をつくらないことは大切なのですが、コミュニケーションがスムーズでないと強いチームをつくることはできません。体調不良などでスタッフが急に休むことになっても、ピンチヒッターが名乗り出てくれるかどうかはコミュニケーションがとれているかどうかに、大きく左右されます。

そこで、全スタッフが集まる親睦会を年に数回行っています。しかし、一方的に開催をしても、スタッフにとって楽しい場にならなかったり、全スタッフが集まらなかったりするため、以下の点に注意して開催するようにしています。

〈開催の時期は余裕をもって決める〉

非常勤スタッフは普段から時短勤務をするなど家庭中心の働き方をしています。また、時代の流れとして、「仕事とプライベート」を分けて仕事をしたい人が増えています。私が研修医の時代は、ワークライフバランスというよりも、仕事終わりに一緒に飲みに行くなど、四六時中、同僚たちと時間をともにして同じ釜の飯食うような状態で絆を深めていましたが、今はそのような時代ではありません。「親睦会は業務に含まれますか？」という質問を受けることさえある時代です。業務に含まれないとなれば、「業務外の時間を拘束される」「スタッフのことを考えてくれない」など、親睦を深めるつもりが、反発を買ってしまうことになります。

ですから、「皆さんのことがよく知りたいので、1年に数回だけ、貴重な時間をいただきたい」とアナウンスしたうえで、家族との調整がしやすいよう、1～2カ月前には日程を決めるようにしています。

〈敷居の高い店を選ぶ〉

普段はないことなので、私自身も普段は行かないような、少し値段の張る飲食店を選びます。「親睦会に来てよかった」と思ってもらえるように、楽しみにしてもらえるようにという思いからです。普段からよく行くお店では特別感がなく、「これなら友達ときたほうが楽しいのに」「わざわざ家族に協力してもらって休日に出てきたのに」とがっかりさせてしまうかもしれません。

「お金でなく気持ちが大切」という声が聞こえてきそうですが、気持ちを伝えるためにお金を惜しまないことも大切だと考えています。

2023年に行った懇親会

〈今後は研修旅行も視野に〉

将来的には、スタッフ全員と海外旅行に行ければ嬉しいです。スタッフが頑張って働いて売り上げた点数に応じて行き先が決まるようにすれば、働きがいが出てくるのではと企んでいます。当院はまだ発展途上ですので、実行には至っていませんが、収益をしっかりとスタッフに還元できるようにしていきたいと思っています。

Point 05

組織を任せられる事務長を雇用

開業医には、「組織をつくる」という重要なミッションがあります。しかし、医師一人で、診療と同時並行で、組織づくりのすべてを行うのは難しいことも事実です。実際、私は開業直前に一斉離職の危機を経験し、当時は途方に暮れました。

そんなとき、門前薬局の経営者から、診療所で事務長経験のある人材を紹介してもらいました。介護業務から在宅医療を手掛ける医療法人やクリニック事務長を経て、複数診療所の非常勤事務長をしている福谷青樹さんという方でした。現在は当院の事務長業務を非常勤で担当してもらっています。

開業したものの、組織をどうつくっていったらいいかがわからなかった私に、事務長はたくさんのアドバイスをしてくれたほか、労務管理なども担ってくれました。「院長は孤独である」という言葉は有名ですが、診療所をつくるのは、医師だけでもなく、スタッフだけでもありません。必要であれば、外部の力も借りることも大切です。頼りにできるところが複数あれば、院長の業務負担、精神的な負担は大幅に減らすことができます。相談する人がいる、という事実は、孤独を薄め、心強さを増してくれます。

次のPoint 6は、事務長が実際にどのように当院の組織づくりをサポートしてくれたのか。本人に書いてもらうことにしましょう。

Point 06

職員の士気を高める組織整備の基本

医療法人社団 SHIGYO MEDICAL 事務長の福谷青樹です。執行理事長と知り合ったのは、開業直後で、当然ながら組織づくりがまったくできていない時期でした。就業規則をつくるなど細かいことも含めて、私が行ってきたことは、実は特別なことなどひとつもありません。ただ、当法人のように一斉離職などがなければ、組織整備の必要性に気づかず、診療所を運営しているケースもあることでしょう。本書でお伝えしたい診療所のつくり方においては、組織整備も必要不可欠な項目です。そこで、実際に私が具体的に行ったことを、ひとつずつ説明させていただこうと思います。

まず、前提として、スタッフはそれぞれの職種で仕事に従事し、対価を得る目的で就労します。そのうえで、仕事にやりがいや生きがい、社会とのつながり、将来性などの付随した目的を個々に持っています。そして、この前提条件に対して、院長とスタッフに齟齬が生じた場合に不平や不満が表出されます。

この前提を執行理事長と共有したうえで、まずは、❶職務内容、❷就業時間、❸報酬（評価）の3点を見直す必要がありました。

❶職務内容はできる限り情報を公開して、納得したうえで入職してもらう

大病院などの大きな組織であれば、各職種の役割がある程度明確となり、それらをサポートする間接部門を手厚く配置することが可能です。一方、診療所では、専門職が専門職のみの役割を担うのでは非効率的ですから、経営者はスタッフにマルチタスクを求めます。一方でスタッフは、「私は〇〇として入職したのに……（雑用もやらされる）」と不満を持ちます。

これは、入職の段階で診療所としてスタッフに求める職務内容を明確に伝えることができていないことに原因があります。原因を取り除くには、募集の段階から「事務職には○○としての役割も担っていただきます」「看護師業務は、看護業務のほか、○○のお手伝いをお願いしています」など、入職後お互いにギャップが生じないよう、事前に診療所での役割を伝えることが重要です。

当院では、129ページで前述したように、ホームページの人材募集ページで、スタッフに求めること、逆に当院の求める人物像にそぐわない価値観などを羅列し、承諾していただいた上で応募してもらえるようにしました。求人には詳しいことが書かれておらず、「詳細は問い合わせください」などと書かれている人材募集をよく見かけますが、そのような状況で応募があっても、求める人材かどうかを見分けるのは困難です。あらかじめ情報を公開しておくことで、入職後のスタッフの不満は大きく減らすことが可能です。このことを伝え、執行理事長には、「スタッフにどのような役割を期待するのか」を言語化してもらいました。

❷就業時間は短くする

外来診療は、診察時間（開院時間）に売り上げを上げていきます。つまり、この時間にスタッフという経営資源を投入し、それ以外の時間はできるだけ短くすることが、経営の効率化です。当院では、開業当初から就業時間を厳守するような業務フローにこだわってきました。

ここで先生方にご理解いただきたいのは、外来診療のフローにおいて、医師以外のスタッフは医師の診察前後で仕事を行うということです。患者さんが来院して、先生が診察するまでに、事務職員や看護職員が、受付、カルテ作成、問診を行います。そして、診察後には、指示内容の検査の実施、会計処理、次回の予約や疑問点のヒアリングなどを行います。

必要以上に残業が多い診療所では、医師の仕事が滞っていたり、診察前後の業務内容が重複していたり、複雑になっていたりすることが多々あります。特に、開業後しばらくは時間的余裕があるため、その間にスタッフは「よかれと思って」仕事を増やす傾向があります。仕事がなく手持無沙汰であることに罪悪感を持ち、何か作業をしようと業務を複雑につくり上げる傾向にあるのです。

患者さんが増えても、その業務フローは継続されるため、経営が軌道に乗ると就業時間が延び、残業が増える。その要因をつくったのは職員だったということがよくあります。当院では開業当初から、売り上げに直結しない業務は極力削除し、シンプルな業務内容にすることを徹底しました。

また、終業時間通りに仕事を終えても良いという風土をつくるため、執行理事長には率先して帰っていただくようにしました。経営的にも、不要な残業代が生まれないため、メリットしかありません。時間通りに終業できる職場をつくることで、スタッフのみならず理事長のプライベート時間の充実や必要以上の負荷を除くことにもつながります。

❸評価基準を設けて報酬を支払う

給与は、スタッフが働くモチベーションの大きな要因の一つです。求人を見比べれば、「○○医院は○○円で、自院より○円高い」など報酬の比較は容易にできる時代ですから、多くの診療所が近隣地域の同事業同職種をベンチマークとして給与設定を行っています。しかし、これが落とし穴で、全ての職種に等しく当てはまる条件ではないのです。報酬の設定は、求める役割に応じて変動させる必要があります。

具体的には、組織としてそのスタッフの「時間を必要とするのか」「能力（成果）」を期待するのか」。大きくこの2つの視点で分ける必要があります。

一般的に、医師以外の職種については、開院している「時間」にいることを求められるケースがほとんどです。例えば、能力の高い受付事務でも、開院から2時間後に出勤されては、受付事務の役割としては不十分です。なぜなら、受付事務は開院時間の少し前から患者対応などの仕事が発生しており、これを行う受付事務スタッフがいるからこそ、医師は患者さんの診察ができます。つまり「時間を必要とする」スタッフです。事務能力やスキルが高いに越したことはないですが、高い能力より、配置したい時間に勤務してくれる役割のほうを高く評価すべきです。

一方、医師やレセプトチェックができる医療事務、私のような事務長などの職種は就業時間より「成果を期待すべき」業務です。これらのスタッフは、売り上げに直結します。業務改善を行うことで生産性を上げたり、診療報酬の請求漏れなどがないかチェックをして収入源をしっかり確保したりするなど、時間よりも成果を重要視し、成果に対して評価を行うべき職種となります。

このように、スタッフごとに、どのような役割を望むのかを整理して理解することで、明確な評価基準を持つことができます。受付事務では欠勤や遅刻、早退がない職員を評価すべきですし、勤務形態が不規則でも、レセプトを数時間みるだけで、請求額が数十万円変わる医療事務は、その請求額の差で評価するべきです。

さらに、報酬は本来、診療所全体の売り上げから算出されるべきです。周辺の診療所の給与水準が高いからといってその水準に合わせていけば、自院の収益がその分減ります。給与水準が高い診療所と同等の売り上げがあれば問題はありませんが、売り上げが小さいのに水準だけを合わせていくと経営は悪化します。

人材を雇用する場合に相場を意識しすぎるあまり、「相場より少し高めであれば人は集まる」という発想は根拠がありません。さらに、報酬の高さで集まる人材は、さらに高い報酬が明示された場所にいとも簡単に移動していきます。なぜなら、高い報酬こそがそのスタッフの就労目的だからです。結果、安定した経営とは程遠い駆け引きによる人材確保が常に必要になるでしょう。

スタッフの不平不満を減らすためにも、役割を明確にし、その役割をスタッフと共有し、求められている役割に応じた評価をすることが大切です。何をもとに評価しているのかを「見える化」することが、スタッフが納得し、かつ継続的に就業できる組織づくりにつながります。

ちなみに、当院では、年齢給、職務給、職能給、成果給とそれぞれの項目で目指すべき姿と達成された場合の報酬を規定しています。

▼年齢給……人として人生経験を重ねることを評価しています。人は必ず年を重ねますので必然的に毎年昇給していきます。ただ、ある一定の年齢に達すると、体力面や気力面などが衰えることを考慮して減給していきます。ちなみに、昇給幅の50％の割合で減給しています。これは、年齢給の性質上、年を重ねることの評価と肉体面、精神面の評価を考慮しています。

▼職務給……スタッフに求める職務に対する評価です。「入職時」「一般職員」「副主任」「主任」……と求める役割が異なりますので、それぞれ個々のスタッフと組織が求める役割を共有し、それが達成できているかを評価します。そして、これらの職務給に関しては、数年で頭打ちとしています。その職務を習得した後、次のキャリアに向けて頑張ることを評価するためです。「現状維持でよい」というスタッフは、組織としてそれを受け入れたうえで、評価としては「変わらない」となります。

▼職能給……能力に合わせた評価です。一般的には、資格手当と同義になります。資格を取得することは個人にとってはプラスですが、組織にとってもプラスに作用します。よって、その能力、技術を評価するためのものです。給与は変動させず、給与にプラスαの金額を支給します。

▼成果給……そのスタッフが過去どのような成果を残したか。また、今後どのような成果を期待す

るかを評価します。これにより、さらなる努力を促します。

❶職務内容、❷就業時間、❸報酬（評価）の3点を見直した後、❹働きがい、❺人間関係、❻キャリア形成など、個々の価値観に大きくかかわる部分を整備していきました。

❹働きがいを大きく育てる

入職後しばらくして職場が信用できる、安心して勤務を続けられる場所だと判断できたら、人間というものは、さらなる欲求が生じるものです。それは、自身が「必要とされているか」を確認したいという欲求です。

自分自身の仕事が評価され、必要とされていると感じることができれば、人間は働きがいを感じて自発的に努力を始めます。では、必要とされていることを、どう伝えていけばよいのでしょうか。

これは、前述の3評価を明確にできていれば、伝えることは容易です。スタッフに求める役割を明確にし、そのスタッフとしっかり共有することで、スタッフ自身も必要とされている役割を果たせているかどうかを確認しやすくなり、経営側も適切な評価がしやすくなります。評価を正しく伝えることで、必要な人材であることが伝わり、働きがいを感じてもらいやすくなります。

評価を適切に伝えるには、コミュニケーション能力も必要となります。「ほめて伸ばす」という言葉がある通り、人間はほめられることで、「良い評価を受けている」と認識できます。すると人はさらなる成長をしようと努力をするようになります。

私は手法として、そのスタッフが出勤していない時に、あえて他のスタッフにその人の仕事ぶりをほめることがあります。もちろん、直接、感謝の気持ちを素直に伝えるようにもしています。どちらも併用することで、そのスタッフに伝わりやすくなり、全スタッフのモチベーション向上という意図があります。過度なほめ言葉は猜疑心につながりますが、事実を伝え賞賛されることに不満を持つ方はいません。

ほめる場合は、業務以外の言葉遣いや気遣いなどマニュアル化しにくいけれども印象に大きく影響することを対象にするのも効果的です。ほめることによって、「当院での善い行い」の具体例が明らかになり、スタッフは、マニュアル化しにくい部分の基準を持つことができるようになります。基準が生まれれば、それに対して近づける行動や判断をしやすくなります。そのためにも、前述の通りあえて他のスタッフにも伝えています。

❺理念浸透で人間関係をスムーズにする

院内の人間関係は、組織づくりで一番の懸案項目となるものです。人間関係は、マニュアル化などの均一化が非常に困難ですが、組織づくりにおいては最も重要な項目となります。

組織の人間関係は「風土」という言葉で表現もできます。つまり、その組織が良くも悪くも培ってきたものです。そのため、険悪な人間関係の組織を立て直す場合は、風土を変えるという年単位の途方もない時間と労力を要します。もしくは、スクラップアンドビルドでリセットする方法をとりますが、やはり組織に根付いたものを、根本から変えるのは非常に大変です。

開業当初は風土が形成されていないので、人間関係をつくりやすいのですが、そこで、必要となってくるのが組織の理念です。

▼この診療所は何を目的に開院したのか

▼そのために、スタッフには何を求めているのか

を理念に掲げ、唱和するなどの手段で浸透を図る必要があります。

医師の常識は、スタッフの常識ではありません。そして、スタッフそれぞれの価値観は千差万別です。その多様な価値観を同じベクトルに向けるためには、明確な目標が必要となり、それが組織では

理念となります。人は正論には大手を振って反論できないものです。さらに、医療に携わる人材は少なくとも、人の役に立ちたいという思いを持つ方が多いです。そのため、正しい理念を掲げ、それを院長が実践することで、その行動がその組織の風土となり、結果良好な人間関係の構築につながります。

❻キャリア形成を図る

スタッフを一人の人格ある存在として考えると、入職後のキャリア形成やキャリアパスを考えておく必要があります。そのキャリアを望む、望まないは個人の判断となりますが、小さい組織だから不必要と考えるのであれば、モチベーションの高いスタッフの育成は当然不可能です。

士気の高い組織を目指し、スタッフのモチベーションを上げ、医療で地域貢献を考えるのであれば、勤務するスタッフにも高いレベルにチャレンジできる仕組みをつくる必要があります。それに、組織としては、個々のスタッフが成長することで組織も成長できます。組織は人の集合体だからです。

当院では、主に①現場専門職、②教育職、③経営職、と3つのキャリアパスを作成し、スタッフ自身がどのような方向で経験を積んでいきたいのかを考える機会を提供し、実現するレールを作成していきます。人が努力し成長するには目標設定が必要です。学生とは違い、日々の生活と仕事が共存する社会人生活は、自助努力だけで成長することは難しいからです。新卒者などにも、漫然と日頃の業務をこなすだけでは、モチベーションの低下につながりますので、非常に効果的です。

長々と組織整備のために実行したことを書きましたが、冒頭にお伝えした通り、非常にシンプルな内容だったかと思います。勉強と同じで、シンプルなことを継続して実践することで、習慣となりそれが組織の風土となります。理念をともに追求していくスタッフが、自分自身の仕事を誇れる人材に育てていけば、診療所を守ってくれる強い味方になっていくでしょう。組織において、武田信玄の名言「人は城、人は石垣、人は堀、情けは味方、仇《かたき》は敵なり」という言葉は真理かもしれません。

原則6

広告を活用する

Point 01

ホームページでの情報発信

ホームページは、現在の診療所の宣伝活動にとってなくてはならないものです。もちろん、口コミによる患者さんの紹介はあるのですが、インターネットがなかった昔と違って、紹介情報のみで直接来院される患者さんはほとんどいません。信頼している人に紹介されたとしても、いったん診療所のホームページを確認して、納得してから受診されることが多いのです。

つまり、紹介された患者さんも、紹介されていない患者さんも、全員、ホームページを確認しているのです。

その際に見るホームページの質によって、来院される患者さんの数は大きく変わってきます。また再診率という意味でも、ホームページのつくりは重要です。

再診患者さんは、まず、ホームページを見て「求める医療を受けることができる」と期待しており、初診の診察を受けて、その期待値を超えていると判断した場合のみ再診を選択してくださいます。ホームページの内容が「盛り過ぎている」「実情とかけ離れている」と判断された場合は、期待値を上回ることなく、再診に至りません。次につながらない初診患者さんばかりになってしまうのです。

ホームページをつくるときは、他院と比較されるため、どうしても「目立つことで患者さんを呼びこみたい」「人目を引き付ける強烈なキーワードを盛り込んで多くの患者さんに来てもらいたい」と思いがちですが、患者さんが「ホームページに書いてあることと全然違う」「嘘ばかり書かれていた」などと感じてしまうと再診につながりません。

では、どういったホームページが良いのかということになりますが、これは永遠の課題です。

一つ言えることは、医療系ホームページ専門業者に丸投げしてできるホームページはダメだということです。どこのホームページも、疾患の説明、理念、院長のあいさつなどが書いてありますし、要素としては変わりがないと感じられるかもしれません。実際、当院もホームページに書いている項目自体は、他院とそう変わりません。しかし、その内容を誰に向けて書いているのかを意識しているかどうかで、その内容が大きく変わります。

業者に丸投げして一見きれいなホームページができても、他診療所と比べて色合いと院長の顔写真が違うだけで何の印象にも残りません。院長がイケメンだったり、ダンディーだったりすれば印象に残るのかもしれませんが、書かれている内容が他院と変わらない、当たり障りのない文言だけだとしたら、内容で印象に残ることはありません。イケメンの顔写真も、年齢が上がるにつれて効果は薄れていくかもしれません。

当社のホームページは、業者に丸投げをせず、ワードプレスでホームページをつくり、随時、私自身の言葉で更新しています。前述したとおり、仮想患者設定をしながら診療をしているため、その患者さんに向けてメッセージを発信するつもりで、患者さんに語り掛けるように書いています。

また、ホームページは広告に当たるので広告規制についての理解も必要です。

厚生労働省の「医療法における病院等の広告規制について」が参考になるので是非ご覧いただき理解してから作成を始めることをおすすめします。

https://www.mhlw.go.jp/stf/seisakunitsuite/bunya/0000205166_00004.html

Point 02

SNSの活用、これからの広告について

前述の通り、当院ではLINEとInstagramを導入しており、診療時間や休診日、ワクチン接種開始のお知らせなどの情報発信を中心にしています。しかし、正直、内科診療所として導入するメリットは、それほど感じていません。

フォロワーが多く、広告が無料でできればそれでいいのかもしれませんが、SNSは比較的若年層が活用していることもあり、当院のような高齢者の患者さんが多い診療所にはほぼメリットはありません。診療所の存在を知ってもらっても、受診にはつながりにくい印象です。

しかし、皮膚科や小児科など若年層が受診を決定する科目に関しては、絶大な効果があることは容易に想像がつきます。ですので、SNSの実践に関してはそういった科目の先生が執筆されている本を読んでいただくとして、ここでは広告全般に関しての基本的な考え方をお伝えできればと思います。

先ほど申し上げた通り、診療所は医療法の広告規制がありますので、大々的に広告をすることがで

きません。しかし、広告業界がこれだけ発展している状況をご覧いただくと、広告というのはビジネスにおいて非常に力を持っていることがわかります。良い商品と売れる商品が一緒でないことを見てもわかるように、広告の力によって売れる商品が生み出されているといっても過言ではありません。

広告の個別的手法はそれぞれありますが、まず診療所が行える広告とその特徴を知ることが大切です。

患者さん候補となる方々は、どのように広告の影響を受けているのかをおさらいします。

まず、広告を見たときに、その医療機関の存在を認識します（初めての方もいれば再認の方もいます）。そこからすぐに受診につながるわけではありません。患者さんに受診理由ができた際に、あらためて他競合診療所と比較検討して一番だと判断した診療所に、受診をするという流れです。

一方で、かかりつけ患者さんは広告費0で次も受診してくれるので、内科診療所にとってはこの再診率をいかに伸ばすかが重要なのは言わずもがなです。一人の患者さんを獲得するのに必要な広告費は、それぞれの広告によっても診療所によっても変わってきますが、一度獲得した患者さんが何度も利用してくれればくれるほど広告の費用対効果は高くなります。

ですので、広告は原則、初診患者さんを如何に引き込むかという点でコストをかけていきます。再診患者さんを対象にした広告はあまり意味がないからです。広告を出していることで信頼が生まれ、再診につながる側面も少しはあるかもしれませんが、テレビ広告や新聞の大型広告をするレベルにならなければ再診率をあげるレベルには達しないと思います。

また、広告の本来の目的ではありませんが、周囲の診療所をけん制する、あるいは、未来の競合医院の発生を防ぐために敢えて赤字覚悟の広告を出すこともあります。

Point 03

広告の種類

・看板、電柱広告
・チラシ、はがき、新聞広告

・ホームページ
・SNS（媒体によって対応が異なる）
・PPC広告
・医院の中の掲示

広告の種類はまだまだありますが、これらの広告それぞれには長所と短所、得意分野と不得意分野があります。

例えば看板ですが、その前を通った方が見れば、診療所の認知につながります。しかし、視界に入っただけでは認知にならず、「ここにあるな」と強く認識されることで初めて認知につながります。看板広告の価格は、場所や面積にもよりますが、関西では、概ね5万円／月くらいのイメージです。5万円でどれくらい患者さんが来るのか、そして患者さんが来るようになるとどういった質の患者さんが来るのかということを測定する必要があります。

当院では、開業当初は看板を出していましたが、現在はやめています。以前出していた看板広告を見て来院された患者さんは、看板1枚につき2人／月程度でした。患者さんが一回来院されると、診療報酬請求額は6千円程度になります（本来はここに経費がかかります）。初診だけだと赤字ですが、その患者さんがリピートしてくれれば、看板広告出稿代金の元は取れる計算になります。診療所により再診率は変わるので、ここは一概に単純計算はできません。広告媒体によっても再診率は変わってくるでしょう。

看板広告の効果を一定期間測定していましたが、当院では少し黒字でした。しかし、他広告媒体の方がより費用対効果が良かったこと、看板を見て来院される患者さんは当院のことを理解せずに来院するので説明に時間がかかると判断したことから、看板広告をやめました。近隣の歯科は、非常に広い範囲で多数の看板広告を出しているのですが、恐らくその歯科医院は看板の成績がよいのでしょう。

こういった測定や見直しは、経営にとって非常に重要です。広告を出しっぱなしにしているだけでは、患者さんは得られません。すべての広告の効果計測をできるわけではありませんが、計測する努力が必要です。

当院では初診の問診票でどの広告媒体をきっかけに来院されたのかを問診票で確認しています。

そして、毎月の新患数を出して、各広告の割合、一人当たりの費用、そして広告ごとの再診率を割り出して広告を継続するかどうかの判断をしています。

ちなみに、周囲や未来の競合診療所への牽制の意味があると考えるなら、赤字でも看板広告を出す意味はあります。駅前の激戦地であったり、周囲に競合がなく空き地やテナントが多かったりする場合は、自院があることを偵察に来た医師に認識させる意味としても出しておくべきかもしれません。

チラシ、はがき、新聞広告に関しては、もはや時代遅れという意見をいただきそうですが、個人的には多用しています。

というのも内科医院を受診される年齢層は、情報収集がネット一辺倒ではなく織り込みチラシであったり新聞広告であったりするからです。また、ホームページや看板と違い、こちらが意図するタイミングでお知らせをできるのが良い点です。例えば、診療所でセミナーをする、自費のキャンペーンをするということは伝えたいタイミングでなければ意味がありません。

こういった具合に、当院ではそれぞれの広告に対して考察をしています。個別広告についての詳しい話はここに書くには長くなりすぎるので、興味のある方はお知らせください。直接お会いした方に、感触も含めてお話できます。

Point 04 患者さん向けイベントのススメ

先ほどまではお金をかければ済む広告について話をしてきましたが、ここからはイベントについてです。個人的に、診療所主催のイベントは、大きな広告効果が見込めると感じています。

イベント開催は、手間がかかります。大きな医療グループであれば、院長が部下に講演会の準備を依頼したり、業者に依頼して丸投げしたりすれば開催が可能ですが、診療所がイベントを開催するときは自前です。イベント内容を企画して、スケジュールを調整して、広報をして集客をするのもすべて自院でまかなわなければなりません。これらの作業を面倒だと感じる院長は多いのだと思います。

だからこそ、診療所がセミナーを開催すること自体が珍しく、患者さん候補となる方々を集めやすい状況です。当院をかかりつけ医にしてくださる患者さんを集めるために、セミナーという形式をとれば、当院に来たことがない方々が来院するきっかけをつくることになるのです。

開院前に、内覧会を開く診療所は多くあります。その際に来られる患者さんは、現在、他院に通院中だが少し不満があり転院を検討している方たちです。しかし、内覧会だけでは、踏ん切りがつかない患者さんも多いのではないでしょうか。その方々に踏ん切りをつけていただくために、セミナーが有効です。セミナーを開催することで、来院の動機をつくり、お試し受診を促すことができます。

当院では、コロナ禍以降中止していますが、開院して1年間は毎月必ずセミナーを行っていました。

院内で開催したセミナーの様子

院内のセミナーを繰り返し行うことで、評判を得ると行政が開催するセミナーなど公式のものの講師を依頼されることもあります。普段はお会いしない患者さん予備軍へアプローチできる絶好の機会ですので、打診されれば受けるようにしていました。

Point 05

Googleマップを気にしすぎるな

Googleマップをご覧になったことはあるでしょうか。どこかに行くときのナビゲーション代わりに使用したり、よく使われる方はお気に入りのレストランの登録や口コミ投稿などもされているかもしれません。私自身、昔は食べログを使

講師を務めた市民セミナー

用してレストランを探していましたが、口コミが参考にならないという印象を受けてからは使用をやめて、Google マップでおすすめのレストランを探したりしています。

さて、このGoogle マップは、最近、診療所の選択肢探しとしてもかなりのウェイトを占めています。先ほどホームページについて述べましたが、昔はホームページが検索順位の上位であることが最も大切で、SEO（Search Engine Optimization）対策に躍起になっていた時期がありました。当時、裏技を利用して（被リンクを大量に購入するなど）、検索上位になっていたページは、現在ペナルティを受けて検索しても表示されなくなりました。

現在もSEO対策は大切なのですが、昔のように簡単な裏技がある訳ではなく、常に検索上位を維持するのは、私も含めて素人には困難です。頻繁にGoogle のアップデートがあり、対応をしても評価システムが変わるからです。結局のところ、実際に患者さんが多く見てくださっているページが評価されるようです。

ですので、業者からの営業電話で「SEO対策」をうたうものがよくかかってきますが、無駄金を払うものと思い当院では契約していません。執筆時点（2024年2月）では幸い当院は尼崎、循環器内科でSEO1位を達成していますが、翌日には変わっていることもあります。Google core

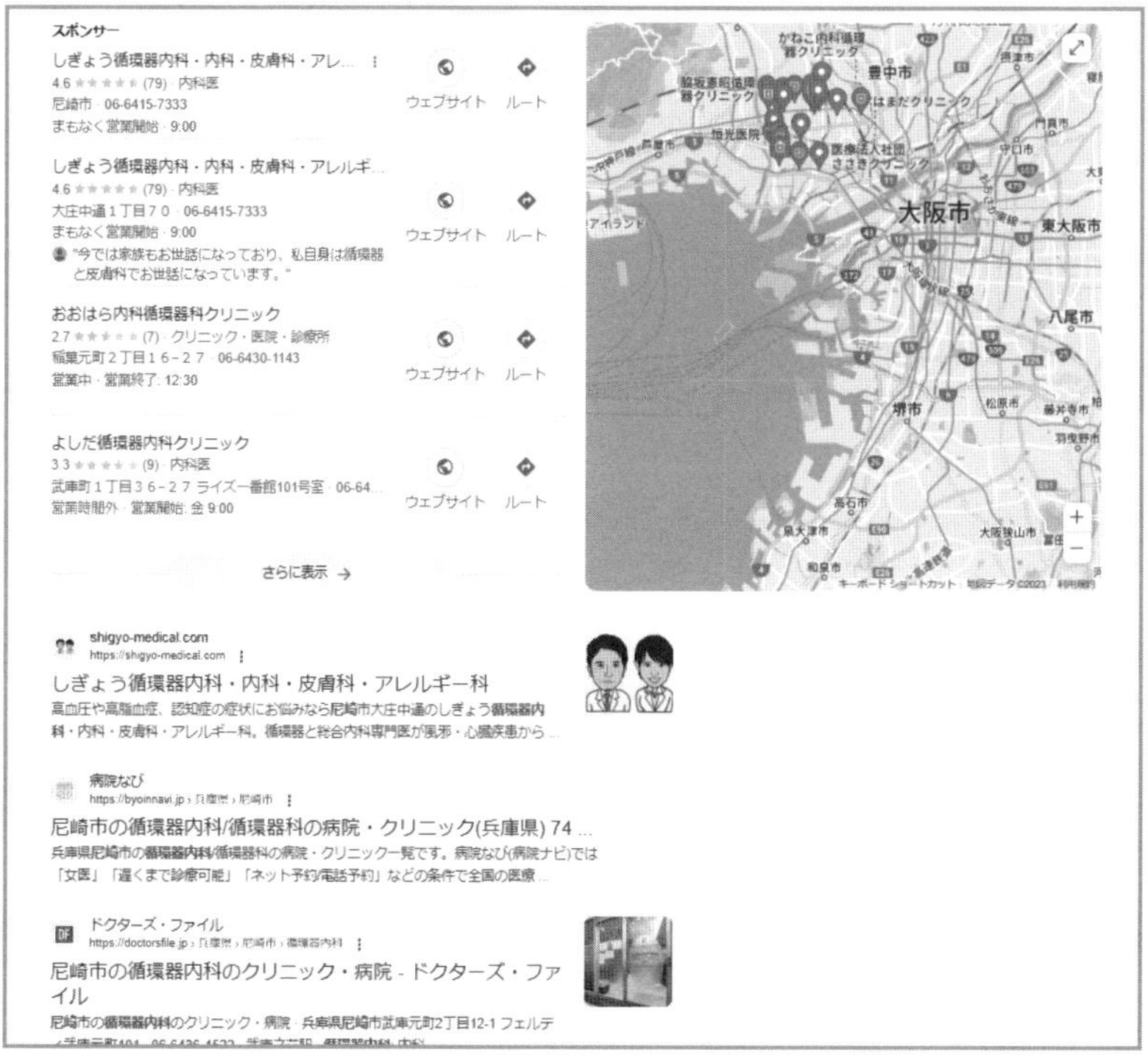

Google マップの検索画面

update が頻繁に起こるからです。もはや素人には手出しできない領域になっています。

ＳＥＯ対策をどれだけしても、もはや意味がないかもしれません。というのもGoogle検索を行っていただければわかると思いますが、検索順位の前にGoogleマップのおすすめの医院が３つ挙がります（上の図参照）。実際はこちらの評価の方が大切です。来院患者数や評価の数、設立年度、検索者の距離などを加味してランキングがつくられているようです。Google検索の順位よりも前に地図と人気順に並ぶため、どうしてもそちらの情報に目が向きます。

地図と一緒に表示される順位を上げるようにすることをMEO（Map Engine Optimization）といいます。こちらに関しては、現在まだ小細工ができるようで、「診療所の名前に地域名をいれる」「診療科目名を入れる」「住所に検索ワードを入れる」ということをして検索順位を上げている診療所も散見されます。

現在はそのようなテクニックが通用しますが、米国では既にそういった商業施設は表示されないように調整されているようで、遅かれ速かれ日本でも同様の処置がとられると思われます。SEO対策で華々しく散っていたページのように地図に表示されないようになるかもしれません。

さて、こう書くとGoogleマップは非常に大切であるというメッセージになります。「Googleマップを気にしすぎるな」という章にもかかわらず、正反対のことを書いていると思われても仕方がありません。

私が伝えたかったのは、「小手先のテクニックや不正行為を行うほどまでに気にしなくてもよい」という意味です。

特に、口コミ対策をしている診療所は多いのですが、ここでの対応も同様です。口コミがよいに越したことはありませんが、評価を気にするあまり、知り合いに頼んでよい口コミを捏造したり、お金を払ってサクラになってもらったりする診療所もあります。

しかし、口コミがうさん臭いサクラばかりになると、患者さんは気づきます。仮に騙されて初診に来てくれたとしても、期待値を上回れずに再診にはつながりません。自院を育てていくチャンスを、不正行為でつぶしてしまうのは本当に残念なことです。不正行為で口コミを増やしても患者さんの数は増えません。

当院も、口コミで悪口を書かれたり、悪い評価をつけられたりすることはやはりあります。悪い口コミを書かれるとつらいですが、以前本を出版した際に編集者の方から言われた言葉が励みになりました。「悪口を言われてようやく一人前、悪口のない口コミは内輪の少ないコミュニティでしかない」というのです。確かにその通りだと思いました。

多くの患者さんが来院すればするほど悪い口コミは増えます。それは、ある意味勲章であり、それに対して真摯に向き合い、改善するべきところは素直に認め、改善することでより良い方向に向かっていけるのではないだろうかと思っています。

口コミに対して過剰に反論したり、悪い口コミに対して全ての法的処置をちらつかせたりするのは、口コミを書かない患者さんをも委縮させてしまいます。

原則7

戦う市場を定めて勝負をする

～ SHIGYO MEDICAL が目指す医療～

Point 01

地域の健康を守るために再診率を高める

さて、ここまで私の考える診療所運営や再診率向上への取り組みをお伝えしましたが、「そもそも何故再診率を上げるのか」について、あらためて確認しておきましょう。再診率を上げることの意味をわかっていないと、一時的に再診率が上がってもすぐに下がります。良い経営状態が長続きしないからです。

当たり前のことですが再診率が上がると収益が上がります。

収益が上がったら、どうしたいのか。憧れの車があったり、高級住宅地で大邸宅を構えたいという野望があったりすれば、ぐっと現実感が増すと思います。

その欲を否定しては頑張れませんので、しっかりと欲を持つことも大切だと思っています。しかし自分のことばかり考えていると結局大きな収益を上げることはできないのだろうと私は考えています。

そもそも利益がなければ企業は存続できません。しかし、その利益をどのように活用するかが経営者の腕の見せ所です。

ある程度利益を上げることができた。「さあ家を建てよう」「車を買おう」と得た利益を消費してしまうと、お金は増えません。

一方で、新たな機械の導入や、近くの医療過疎地域に分院展開をするなど、地域医療をさらに充実するために活用すれば、自院の未来をつくる投資になります。

あるいはスタッフの待遇をできるだけ厚くし、それによりスタッフのモチベーションを上げることができれば、良いスタッフを多く採用することができる可能性が高まります。お金だけではダメですが、お金がないとスタッフを多く雇用することは難しいのが現実です。診療所は、地域の患者さんのために存在しており、運営は医師だけではできません。ですから、スタッフの存在はとても大切です。個人的には利益の還元は、患者さん≧スタッフ＞自分という割合で還元をしようと考えています。

私はこのような本を出し、幸い内科にしては患者さんが多いほうだと思いますが、未だに賃貸マンションに住み、型落ちの小さな中古車に乗っています。そのようにすることで、より多いスタッフを雇用でき、安心して働いてもらうことができます。新たな医療や必要な設備を導入し、地域への貢献力を強化することができます。

その結果、私が目指す「適切な動脈硬化予防治療で社会貢献をする」という大きな目標達成に近づくことができると思っています。そのために、再診率向上は必要不可欠なのです。もちろん、そのような医療を提供できるのは、当院だけではなく周囲の診療所や病院に助けられているからだということも忘れてはいけません。

私がこのような大きな目標を持つようになった背景には、勤務医時代のジレンマがあります。私が勤務医だった頃、心筋梗塞や心不全で入院してくる患者さんの多くは近隣の診療所で高血圧治療を受けているのにもかかわらず、管理が甘く、その結果、入院に至るという方が多くを占めていました。決して患者さんが服薬や管理をサボっていたためでなく、患者さんはかかりつけ医にこの治療でよいと言われていたのに心筋梗塞や心不全という憂き目に遭っていたのです。

このような患者さんを一人でも多く減らしたいと思うようになったことが、開業した理由のひとつです。すべての患者さんを救えるわけではありませんし、心筋梗塞や心不全になった理由はかかりつけ医だけの責任ではありませんが、それでも、専門医がかかりつけ医になることによって患者さんの力になれることはあると考えています。

現状の医療システムは医師免許証さえあれば、どの診療科の医師でも「内科」を名乗って診療できてしまうことが問題です。

病院では、血圧管理は「循環器内科」が担当しています。手術を担当する外科領域の医師は、血圧管理をした経験はほとんどないはずです。にもかかわらず、開業医になると突然「高血圧」「脂質異常症」治療ができると掲げて診療している医師がたくさんいます。

病院では、外科領域の医師が手術をして、内科領域の医師は術前術後のケアをする分業制です。手術をされる先生方が選手とすると、私たち循環器内科医はグランド整備スタッフのようなものです。それで良いのです。

しかし、開業すると、あれだけ面倒そうにしていた内科領域の疾患も診療できるかのように「内科」を標榜しているのを見るとやるせない気持ちになります。しっかりと管理できているのであればよいのですが、多くの患者さんが目標血圧未達で、ただ薬を飲んでいるだけという状態です。目標血圧に達しているだけではダメで、良好な状態を維持できるようにするのも医師の仕事ですが、そこまでできている医師は専門医以外でほとんどいないのではないでしょうか。

そういった事態が現在の動脈硬化疾患患者さんの増加および死亡原因につながっているのではない

かと思っています。

我々循環器内科医が徹底した管理を行うこと、そしてその重要性を患者さんに理解してもらうことが非常に大切です。我々の治療をどれだけ継続してもらえるか、その継続がきっと地域のためになるという思いで先ほどまでの施策に取り組んできています。

これから日本は未曽有の超高齢社会に突入します。動脈硬化疾患で後遺症を患う人が減ることで、残された少ない現役世代の負担を少しでも減らすことが国力維持につながると信じています。私たち医師は物事を生産することはできません。地域ひいては国家に貢献するには、生産人口の負担をいかに減らすかという視点で、予防医療の実行を行っていくことです。またそのように思う同志が増えれば、これ以上に嬉しいことはありません。

Point 02 高度な検査・治療は連携先に紹介　戦う市場の定め方

さて、すこし脱線してしまいましたが、私たち開業医が目指すべきは地域の健康の根幹を担う予防医療の構築です。ただ、予防医療をどれだけ推進していても、疾患が進行してしまう患者さんは出てきます。このような患者さんを救うためには、新しい機械を導入し、診療所でもカテーテルや手術などを検討していく方向もあるのかもしれません。実際そういった方向性で、地域の循環器疾患を一手に引き受けている診療所もあると思います。

ただ、私自身は、カテーテルや手術は近隣の連携先病院に速やかに紹介し、術前術後のフォローと予防医療に専念したいと思っています。

カテーテル治療などの手術は、個人の技術力による部分もありますが、前提として経験数と体力によるところも大きいと考えています。開業医と病院での手術件数は桁が違いますから、病院との棲み分けをするほうがよいというのが私の考えです。開業後数年は、診療所で手術をしたいという患者さんを集めるのは極めて困難ですし、その数年のブランクを経て手術をすることのデメリットもあります。診療所には病院ほどの医師数はいませんから、外来診療を一人でこなしながら手術も行うとなると体力的にも限界があります。病院と開業医は、分業であることを意識して戦うほうがお互いにメリットが大きいと考えているのです。

「大病院並みの治療を診療所で」というコンセプトで運営されている診療所もありますから、それ自体は否定しません。例えば「甲状腺専門クリニック」「乳腺専門クリニック」など、同じ検査を大病院で希望すると予約まで数カ月待つところですが、診療所では数日で検査ができます。しかし、このような診療所でも、検査は自院で行い、手術は大病院に紹介しています。設備に限界があるからです。病院を競合相手にすると、診療所に勝ち目はありません。戦えないわけではありませんが、労力の割に益は少ないでしょう。

病院との棲み分けを考える際には、自院の強みと弱みを把握したうえで、線引きをする必要があります。病院と診療所を比較すると、診療所は正直「アリのように小さな存在」だと思います。でも、「アリにはアリの良さ」があります。アリはビルほどの高さから落としても死にませんし、団結力がありコロニー形成などお手の物です。冗談はさておき、小回りが利くからこそ、病院のような大きな組織にはできないこともあるのです。

それでは、診療所の強みを確認していきたいと思います。

多くの診療所は、病院に比べて診察待ち時間が短いことが強みのひとつです。

▼予約がなくても受診できる
▼紹介状がなくてもよい
▼駐車場から診療所までの距離が短くて移動がラク
なども共通の強みです。

開業医は、この強みに加えて、プラスアルファの付加価値を加えたいところです。付加価値を考えることで、他院よりも頭一つ抜きん出た存在になれる可能性が高まるからです。

この付加価値を考える目線で、近隣の競合診療所を観察してみるのもおすすめです。提供する医療レベルではなく、患者さん目線で、近隣との競合を意識した目線で診療所のホームページなどを見てみると、どのように診療所をつくっていくかのヒントが見えるかもしれません。ただし、前述したとおり、実際に開業準備を進めるときは、自分自身の分析だけに頼らず、候補地付近の住民や患者さん候補となりそうな人たちへの聞き込みをしてから判断することをおすすめします。

Point 03

勤務医と開業医で異なる医師としてのスキル

ここまでお読みいただければ、もう勤務医と開業医は全く別の仕事だということがおわかりいただけたと思います。勤務医はとにかく最新のエビデンスをしっかりと把握しその実践に務めること、そして医師の上司、部下と協調しチーム医療と高度医療を提供すること、医療と直接関係はありませんが学会発表や後輩の指導などにあたることになると思います。

一方で開業医は、経営者としての仕事が第一になってきます。勤務医として優秀であっても、開業医として優秀であるかどうかはわかりません。必要とされる知識やスキルが、まったく違うからです。

まずは、小さな診療所が経営をするためには、患者さんが来ないと何も始まりません。スタッフがいなくても始まりません（極論を言えば、患者数がとても少なければ、カウンターだけのラーメン店のように医師一人のワンオペでも運営できなくはありませんが）。ですから、患者さんを増やすためにできることを実践することが、診療所院長としての第一ミッションです。そして来てくださった患者さんを再診につなげること、働いてくれているスタッフの士気を高めること、利益を患者さんやスタッフ、組織に還元していくことが重要ミッションとして続きます。

これらの実践ができて初めて、開業医が医師としてどのようなスキルを持っているかが問題になってきます。

経営者としてのミッションを遂行してなければ、医師としてのスキルは何の意味も持ちません。

ちなみに、患者さんが開業医に何を求めているかをご存じでしょうか。

これはあくまで内科に求められていることであり、他科の先生には参考にならないと思いますが、内科診療所には「いざというときに何とかしてくれる先生」であることが求められています。

具体的には、

▼毎回の診察では「いざ」という状態でない確認をすること

▼「いざ」というときは、迅速に連携病院に紹介・対応をすること

▼患者さんの不安や心配の気持ちを受け止めたり、寄り添ったりすること

この３つの対応ができることを求められていると感じています。

このように、勤務医と開業医には、役割に大きな違いがあります。段階を踏んで、この違いを学習したい人には、分院長や診療所の勤務医としてのキャリアを選択する方法もあると思います。

Point 04

今後の展望

ここまでお読みくださり本当にありがとうございました。

当院では、現在、毎月、約２５００人程度の患者さんが来院します。午前診のみの営業日も含めると、1カ月あたり平均25日の営業をしていますので、1日に１００人程度が訪れる計算になります。皮膚科患者さんも来られますが、内科患者さんがほとんどです。多くの患者さんが来てくださって非常に有難いと思う半面、遠方から来られた患者さんを長い時間（約1時間ほど）お待たせしてしまい申し訳なく感じることもあります。文中にも書きましたが、開業医は多いものの、地域に必要とされる診療所はまだまだ足りていないのが実情です。

今後そういった患者さんがより通いやすく、待ち時間も少なくなるように分院展開を行っていく予定です。まず同市内に分院展開をすることが決まっており、落ち着けば市外へも展開する予定としています。

今後の診療所の未来を展望すると、これまでの開業医のスタイルは崩れ、古代中国の春秋戦国時代のように大きな診療所グループが勢力を増していく可能性が高いのではと私は考えています。地域にとって必要とされていない診療所には患者さんが集まらず、フェイドアウトしていきます。そして、地域ナンバーワンの診療所の存在感が大きくなり、そのブランド力を生かした診療所グループが増えていくのです。

小さな診療所は消滅していくので、さらなる患者さんの受け皿が必要になります。しかし、診療所の倒産数が増えると、これまでのような消極的開業は減っていくでしょう。これまでは、もともと開業を考えていなかったけれども、病院内での出世に行き詰ったり、人間関係に行き詰ったりして行き場所がないから開業する医師も多くいました。これが消極的開業です。これは、開業すれば、一定の収益を見込むことができたからできた選択です。ただ、これからは診療所の淘汰が進みますから、開業のハードルが上がります。加えて、物価高による開業初期費用の高騰もあるので、さらに新規開業のハードルは上がると思います。

さらに時代が進めば、現在の開業医のしている仕事はＡＩが取って代わるようになり、薬をＡＩ判断で注文するだけになり、薬局も不必要になる時代がくるかもしれません。副作用などどうしても避けられない有害事象が起こりうるのが医療です。それらに対する責任論が根強いため、数世代先までは、日本では、現在の医療形態が続いていくでしょう。

あなたが、いま、どのような立場で、この本を手に取っていらっしゃるかはわかりませんが、開業医を志すというお気持ちがあるのであれば、昔の開業医のイメージで何とかなるだろうというあやふやな気持ちで進んでいくのは厳しいかもしれません。

これまでの執筆内容を実践してくだされば、余程の競合がいない限り、診療所経営は何とかなると思います。しかし、どのようなことでもそうですが、「知っている」と「できる」の間には、大きな隔たりがあります。なるべく実践しやすいよう、現場に即して文章を書いたつもりですが、文章よりも直接お会いしての質疑応答、さらに質疑応答よりも実践してみるほうがわかりやすいと思います。

開業を考えていらっしゃるなら、後悔しないために是非しっかりとした準備をしていただきたいと思います。もし私の医療理念に賛同していただき、この本を読んで開業医の考えるべきこと、実践すべきことに興味を持ってくださったのであれば是非当院にご連絡いただければ幸いです。

対談：当院で働いてくださった藤本雷《らい》先生が語る当院の印象

ここでは当院でアルバイトをしてくださり、この度開業をされた藤本雷先生に当院の印象を伺いたいと思います。

藤本先生は皮膚科医で当院の皮膚科業務を担っていただいていました。皮膚科だと内科中心に書かれているこの本にそぐわないと思われるかもしれませんが、実際お話をお聞きすると、診療所運営のカギを握る「再診率」の大切さについて語ってくださいましたので共有したいと思い掲載させていただきます。

執行：藤本先生、この度はご開業おめでとうございます。当院での勤務はいかがでしたか？

藤本：これまでありがとうございました。先生のところで働かせていただいた約1年間は開業をする前の意識が変わる良いきっかけになったと思います。

というのも、皮膚科は患者さんが慢性疾患よりも急性疾患が多く新患を集めることが大切だと思っていました。しかし、実際診療を始めてみると、一度治療に成功して来院されなくなっても、数カ月後に再度別の疾患で再来している患者さんが多くて驚きました。新患患者さんよりも再来患者さんが多

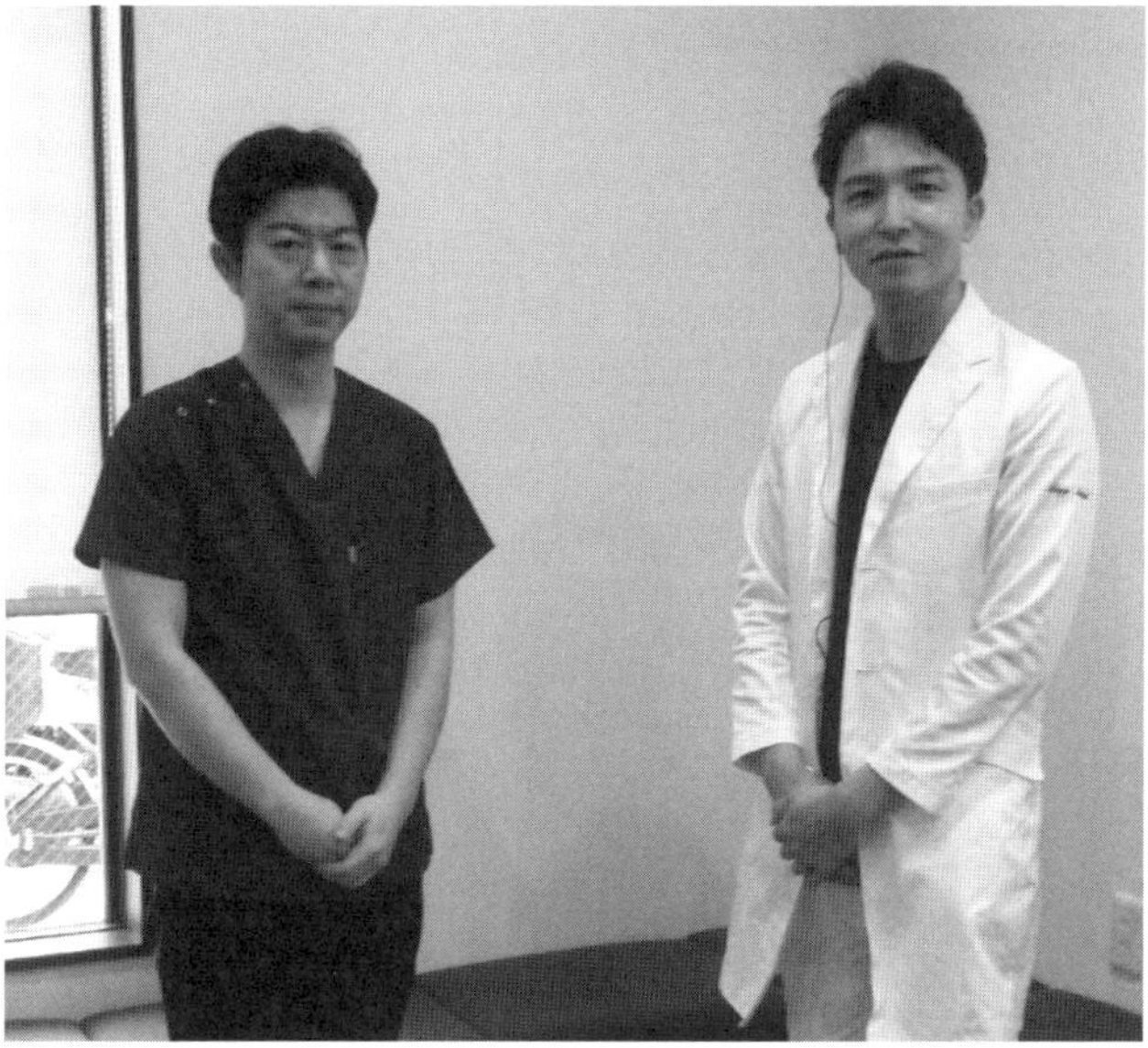

藤本皮フ科を開院した藤本 雷先生（左） https://fujimoto-derm.com/

く、一度当院の存在を認知してくださった患者さんは、何度も来てくださるのだと発見がありました。

執行：私も開業するまでは如何に新患を増やすかというのが集患だとばかり思っていました。でも、内科はとくに、ほとんどが再来してくださる患者さんです。

藤本：内科は再診患者さんが多いのは何となくイメージできていましたが、皮膚科でもやはり再診率が大切なのだというのは本当に驚きました。再診患者さんはすでに当院の診療を知ってくださって信頼してくれているので、説明も少なくてすみますし、診察に時間かかる時間が新患よりも少なくてすみます。それでいて、前回の診察よりも期間があいていて、新しい疾患であれば、初診料を請求できるので経営的にも有難いです。

入職当初に、執行先生から「再診率が大切」と言われたときは、正直ピンときませんでしたが、今ではその通りと納得して診察を進めています。

執行：再診患者さんは、診察時間が短縮できるのもその通りですし、新たに認知をしてもらう必要がないので、広告にもコストがほとんどかかっていません。できるだけ当院のことを気に入ってもらい、何かあったときは再度受診してもらうことが医院経営にとっては非常に大切ですよね。再診率を増やすために、1回の診察でよいところを2回に分けて診察するような方法をとるところもありますが、患者さんはそういった姑息な診療所からは離れていきます。短い診察回数でしっかりと治療して深追いせず、また必要な時に受診してもらえるようにすることが、結果的にトータルの再診率を上げるのだと思います。

藤本：本来の患者さん目線の医療を提供できるかどうかが大切ですね。病院勤務の時はコスト感覚もなく患者さんにとって得な治療を提供することを心がけていましたが、開業するとコストを意識するので、敢えて2回受診を促すことも必要なのかなと思っていました。

しかし、執行先生のクリニックで修業をさせていただいたときは、診療報酬点数を無理に上げなくても一定の給与をいただけたので、姑息な手段をとらずに患者さん目線の医療を提供できました。一方で、患者さんが増えて、診療報酬の請求点数が上がるとインセンティブをいただけたので、プレッシャーもなく勤務することができました。

いずれ開業するためにはどうしたらよいかをシミュレーションすることができ、自分の肌感覚として「コスト意識を持つことを大切にしつつ、原則として患者さん目線を常に第一にする」という開業医としての医療の本質がわかりました。

執行：そのように言っていただけると嬉しいです。先生は本当に短時間で患者さんの満足度を上げてくださり、治療も適切なのですぐに良くなると評判でした。良くなると、その患者さんは一時的に来院しなくなりますが、また困ったときに他の医院を選択肢とせず、当院に来院してくださいます。結果、再来初診としてまた来院して下さる患者さんが増えてきましたよね。

藤本：ありがとうございます。一つ教えてほしいのですが、再診率を上げるために出来ることは診察を頑張る以外にもあるのでしょうか。

執行：あります。基本的には診察の質を上げるということが大前提で最も効果的なのは事実です。しかし、診察の質がこれ以上向上できないという場合は、他の方法で再診率を上げることは可能です。

※この対談の続きを読みたい方は、ＱＲコードから登録をしていただくと、当院から開業希望医向けのメールが届きます。その中で追加コンテンツをお読みいただけます。

おわりに

理想のクリニックをつくるために

最後までお読みいただきまして、ありがとうございました。

ここまでお読みいただき多くの先生方は、「こんなことまで考えないといけないのか」「開業は楽ではないな……」と及び腰になった方もいらっしゃるかもしれません。

よく勤務医の先生とお話しするのですが、

「儲けるのではなく自分の理想の医療を実現したい」

「お金の話は『銭ゲバ』医師に任せておこう」

「しっかりとした医療をしていたら患者さんは自然に増えていくだろう」

とおっしゃる方は少なくありません。

しかし、現実は違います。ご自身の理想の医療を提供するステージに立つためには、今まで申し上げた7つの原則を理解し実行しなければ厳しいのです。

勤務医時代は、経営者に経営を任せているので、現場の医師は理想に邁進して、仮に利益を出していなくても給与をもらえたかもしれません。しかし、開業すると、利益がなくては理想の医療を追求することもできません。医師がただ働きになるだけでなく、スタッフの給与を出せず雇用できなくなってしまいます。院長はクリニックの船長であり、これまでの乗組員の一人とは立場が違います。先に、そろばんを合わさなければ何も手にすることはできないのです。

理想を持つことは大切ですが、理想とそろばんの両立を考える必要があります。開業を志す先生は、理想の医療像を持っていますが、そろばんをおろそかにしている傾向にあります。

そんな意識を切り替え、先生の開業医としての出発が少しでも良いものになるために、この本が役に立ってくれれば嬉しいです。

〈当クリニックグループで働いてくれる方、新規分院で働いてくれる方を募集〉

そろばんのことを考えず開業したもののうまくいかず、迷走する医師や開業前から他業者に食いものにされている医師を沢山見かけます。私はこのような医師を少しでも減らしたいと思いこの本を出版することにしました。しかし、当たり前ですが、この本で書いていることは、当院のクリニック経営の全てではありません。経営のすべてをこのページに収めることはできません。

また、経営について多少学んだとしても、「知っている」と「できる」は違います。経営に限らず、医療技術についても同様ですから、勤務医の先生方は普段、研修医に「知っている」と「できる」は違うのだと繰り返し説いているのではないでしょうか。そもそも知らないことにはそこに意識を向けることはできませんから、知ることは大切です。とはいえ、知っているだけでは、知らない人と結果は一緒です。

開業する場所にもよりますが、少なくとも関西の都市部や似たような過密地域で開業を希望する内科医の先生には、是非この本で学ばれた基礎編を始め。さらなる実践編を実地で体験してもらいたいと思います。

当院では本院および分院で非常勤医師の募集を随時行っています。また熱心な先生には分院展開の際に良い条件で分院長として打診をしています。

ご興味がある方は是非お問い合わせいただければ幸いです。

〈これから開業医は弱肉強食の時代に〉

本文中にも書きましたが患者数や財源は減っていくのに医師数は増加していきます。これからの開業は非常に厳しいものになるのは火を見るより明らかです。

開業支援などを行う企業は、医師以上にこれからの時代の変化に戦々恐々としています。これまで以上に、あの手この手で先生に甘言を持ちかけて、開業をさせ、利益をかすめ取ろうとしてくるでしょう。

そのような誘いを排除して、医師一人だけで開業ができるかと言えば、できないことはないですが、多くの先生にとって理想のクリニックとは程遠いものになるでしょう。業者は、うまく付き合っていくべき相手でもあります。

〈早く行きたければ一人で行け、遠くへ行きたければみんなで行け〉

先生の目指すところが一人で到達できるのであれば1人で進むのが安全かつ迅速です。しかし、開業の原則は、チーム編成です。まれにワンオペクリニックもありますが、かなり特殊なケースだと思います。

先生がチームをつくる際に信頼できる人をどう見極めるのか、どこまで任せるのか、それが開業の難しいけれど楽しいところです。

ぜひ開業するのであれば、信頼できる仲間を見つけ、その仲間に信頼してもらえるリーダーとなり地域の患者さんに先生の医療を思う存分発揮していただければと思います。

その仲間の一人に、私やこの本を加えていただければ望外の望みであります。もし私がお役に立てるのであれば是非ご連絡をいただければ幸いです。

末尾になりましたが、本書を刊行まで導いてくださった日本医療企画の清水大輔様、編集でご協力いただいた新免郁名子様にお礼申し上げます。

〈 ＱＲコード登録のご案内 〉

ここまでお読みいただき本当にありがとうございました。

途中のＱＲコードから登録していただけたでしょうか？
登録が面倒だと思われている方も沢山いらっしゃると思います。

ですので、
登録していただくことで何が得られるのか、について少しお話させてください。

端的にいうと、先生の収入を増やすための秘密をお伝えするメールが届きます。
勤務医であればどれだけ患者を診ても収入は変わらず、むしろ少ないほうが楽だと思われているかもしれません。しかし、開業医は患者数が収入に直結します。

今後、医師は増え続けていきますから（本文でも触れましたが）、勤務医ですら医業収入は低下するしかなく、今後、医療機関が淘汰されて統廃合が進みます。

そんな中で勤務医にも今まで以上に「数字」が求められます。どれだけ医業収入を増やせる診療ができるか、ということです。

勤務医か開業医かにかかわらず、医業収入を増やすスキルは医師にとって必須のスキルといっても過言ではありません。

しかし、世の中の開業医を見ていると

・開業して〇年は赤字を覚悟するのが当たり前
・自院の収入ではなく、バイトで食いつないで生計をたてている
・閉院して勤務医に戻って借金を返済している

そんな開業医、元開業医が多いのは先生もご存じの通りです。今までそういった先輩を横目に開業には及び腰だったという医師も実は多いのではないでしょうか。今回の働き方改革で勤務医に見切りをつけたいけれども、勢いで開業してもうまくいかないであろうことは薄々感じていると思います。

だからこそ、この本を手に取り、このページまでたどり着いてくださったのではないでしょうか。

そんな先生に、自信をもって開業に進んでいただくためにプレゼントとして用意したのがこのQRコードです。

・「○○を大切にする」が先生の年収を3倍にする！
・「○○」の出し方の秘訣とは？
・患者を集めたいのなら一人の患者に対して語りかける。その一人の患者の決め方は？
・落とし穴に落ちないために……絶対にやってはいけない注意点

など、具体的な情報であるがゆえに、書籍には載せられなかった情報をメールでお伝えしていきます。

ちなみに当院でこの話を私から聞いた非常勤医師の先生の感想の一部をご紹介します。

「開業しようと漠然と思っていましたが、非常勤医師として働き始め、本当に大切なことはこれまで思ってもみないことだったことがわかりました。今では自信をもって診療に打ち込めますし、開業する勇気が湧きました」（F先生）

「これまで漠然とどの患者さん相手でも同じように説明していましたが、ここで勤務をして『患者さんが欲している情報は何なのか』という意識で患者さんと向き合うようになり、明らかに患者さんの反応がよくなったことを実感しています。患者さんとの話が弾むだけでなく、診察時間を短縮して外来をこなせるようになりました。今後開業医として歩んでいく決心がつきました」（M先生）

などのお声をいただいています。

先生も今この本をお読みいただき、さらに詳しく経営についてお知りになり安心して次のステージへの一歩を是非踏み出してください。最後までお付き合いくださり、ありがとうございました。

ＱＲコードの登録はこちらからお願いします。

profile

執行　秀彌 SHIGYO HIDEYA

日本循環器学会認定・循環器専門医
日本内科学会認定・総合内科専門医

甲陽学院 85 期生。2010 年 3 月大阪市立大学医学部卒業。市立堺病院初期研修を経て、国立循環器病研究センター心臓血管内科、住友病院循環器内科にて高血圧診療、心臓病診療に従事。2020 年兵庫県尼崎市にしぎょう循環器内科・内科・皮膚科・アレルギー科を開院。現在 1 日に 120 ～ 160 人程度の高血圧、心臓病患者の診察を行っている。

コネなし、不利な立地で1日100人以上診る院長の

内科開業で成功する７つの原則

2024年4月15日　初版第1刷発行

著　　者　執行　秀彌

発 行 者　林　諄

発 行 所　株式会社日本医療企画

〒104-0032 東京都中央区八丁堀3-20-5　S-GATE 八丁堀
TEL　03-3553-2861（代）　FAX　03-3553-2886
http://www.jmp.co.jp

印 刷 所　創栄図書印刷株式会社

ブックデザイン　株式会社バリューデザイン京都

　ISBN978-4-86729-306-5　C3034